Fabian Wittreck

Christentum und Menschenrechte

T0150535

Fabian Wittreck

Christentum und Menschenrechte

Schöpfungs- oder Lernprozeß?

Mohr Siebeck

Fabian Wittreck, geboren 1968, Studium der Rechtswissenschaften und der Kath. Theologie in Würzburg; dort auch Promotion (2001) und Habilitation (2005) durch die Juristische Fakultät. Seit 2007 Inhaber einer Professur für Öffentliches Recht, Rechtsphilosophie und Rechtssoziologie an der Westfälischen Wilhelms-Universität Münster. Mitglied im dortigen Exzellenzcluster „Religion und Politik".

ISBN 978-3-16-153071-5

Die Deutsche Nationalbibliothek verzeichnet diese Publikation in der Deutschen Nationalbibliographie; detaillierte bibliographische Daten sind im Internet über *http://dnb.dnb.de* abrufbar.

Das Buch wurde von Martin Fischer in Tübingen aus der MinionPro gesetzt, von Gulde-Druck in Tübingen auf alterungsbeständiges Werkdruckpapier gedruckt und von der Buchbinderei Nädele in Nehren gebunden.

Vorwort

Der vorliegende Essai geht auf einen Vortrag zurück, den der Verfasser am 7. Februar 2011 in der Essener Marktkirche auf Einladung der Gesellschaft der Freunde und Förderer der Marktkirche e.V. gehalten hat; er wurde für die Publikation deutlich erweitert und mit umfangreichen weiterführenden Nachweisen versehen. Mein herzlicher Dank für die Unterstützung bei der Arbeit am Fußnotenapparat sowie bei der kritischen Lektüre des Textes gilt Herrn Wiss. Mitarbeiter Dr. Tristan Barczak sowie den folgenden Mitarbeiterinnen und Mitarbeitern meiner Professur, die unter der Anleitung von Herrn Wiss. Mitarbeiter Andreas J. Braun, M. A. an der Durchsicht mitgewirkt haben: Patrick Abel, Fatma El cheikh Hassan, M. A., Lutz Friedrich, Henner Gött, Jan Hintz, Daniel Jürgens, Benjamin Karras, Viktoria Kempf, Miriam Köster, Sandra Westphal sowie Robert Wriedt. Dank schulde ich ferner dem Verlag Mohr Siebeck für die gewohnt umsichtige Betreuung des Manuskripts sowie dem Exzellenzcluster „Religion und Politik" für die Unterstützung bei der Publikation. Zugleich ist der Band unter dem Eindruck zahlreicher interdisziplinärer Debatten und Diskurse im Cluster entstanden, für die ich ebenfalls sehr dankbar bin.

Münster, im Herbst 2013   Fabian Wittreck

Vorwort

Inhalt

I. Christentum und Menschenrechte: Stand der Debatte(n)

Die folgenden Ausführungen sind mit „Christentum *und* Menschenrechte" überschrieben. Nun ist das „und" das unscheinbarste, ja unschuldigste aller Bindewörter. In unserem Fall verbergen sich freilich hinter dem „und" gleich zwei handfeste Debatten.

Es geht einmal um die Frage der Menschenrechte *im* Christentum, präziser um ihre Geltung innerhalb der Kirchen oder ihnen gegenüber[1]. Dieser Frage wird sich der vorliegende Band am Ende unter IV. eher kursorisch widmen.

In erster Linie aber soll es um die zweite große Debatte gehen, die um die Genese der Menschenrechte und den christlichen Anteil daran kreist: Es stellt sich die Frage, ob das Christentum wenigstens mitverantwortlich zeichnet für die uns heute geläufigen Menschenrechtskataloge oder ob diese eine rein säkulare Errungenschaft darstellen[2]. Sie ist – das gilt es sich gleich eingangs zu vergegenwärtigen – keine rein akademische Frage, sondern in wohlgemerkt doppeltem Sinne eine Machtfrage[3].

Wieso? Das läßt sich gut anhand der Reaktionen auf die Feststellung des ehemaligen Bundespräsidenten *Christian Wulff* verdeutlichen, der Islam gehöre mitt-

lerweile auch zu Deutschland[4]. Wenn ihm beispielsweise der (ehemalige?) Bischof von Limburg in der
Frankfurter Allgemeinen Zeitung sogleich entgegen-
gehalten hat, tragende Säulen der bundesdeutschen
Verfassungsordnung wie Demokratie, Rechtsstaatlich-
keit und eben die Menschenrechte verdankten sich im
Kern dem Christentum[5], dann impliziert dies zweierlei:

Erstens geht es – auch – um Deutungshoheit. Wenn
etwa der Satz von der Menschenwürde tatsächlich unmittelbar aus der Gottesebenbildlichkeit des Menschen
abgeleitet werden kann (sog. *imago Dei-Lehre*)[6], so ist
die Rechtswissenschaft gut beraten, sich bei der Auslegung des Art. 1 Abs. 1 GG um Hilfe heischend an die
Theologie zu wenden[7].

Zweitens ist jeder Satz über „Christentum und Menschenrechte" (insbesondere dann, wenn man das „und"
als „gleich" liest) stets auch ein Satz über „Islam und
Menschenrechte"[8], mit anderen Worten ein Votum
über die Integrationsoffenheit der bundesdeutschen
Rechtsordnung gegenüber Muslimen. Denn wenn
Menschenrechte im Kern eine christliche Errungenschaft sein sollten, stehen Anhänger des Islam (letztlich die aller anderen Religionen[9]) sofort unter dem
Generalverdacht der Menschenrechtsferne[10], sehen
sich aber zumindest mit der Forderung nach einer
erhöhten Integrations-, Anpassungs- oder wahlweise
Aufklärungs-„Leistung" konfrontiert[11].

Ist die Frage nach „Christentum und Menschenrechte" einmal als eminent politische Frage erkannt,
so erklärt sich auch die Wucht, mit der hier gegen-

sätzliche Meinungen aufeinanderprallen. Beide können auf Argumente verweisen, die auf den ersten Blick schlagend wirken[12].

Wer der Auffassung anhängt, Menschenrechte seien eine Errungenschaft des Christentums, muß augenblicklich nur auf eine Weltkarte deuten und diese einmal nach Religionszugehörigkeit[13], einmal nach dem Grad der Verwirklichung menschlicher Freiheit einfärben[14]: Einzelne Ausnahmen bestätigen die Regel, daß die Chance einer Achtung der Menschenrechte in den Ländern merklich höher ist, deren Bevölkerung mehrheitlich christlich ist (oder es zumindest ehedem war). Und umgekehrt gelten mehrheitlich muslimische Länder regelmäßig als unfrei oder nur eingeschränkt frei, mithin menschenrechtsfremd oder gar -feindlich[15]. Diese Koinzidenz von christlicher Prägung und Achtung der Menschenrechte wird noch unterstrichen durch die Beobachtung, daß zumindest alle westlichen christlichen Großkirchen *heute* die Menschenrechte in offiziellen Stellungnahmen anerkennen[16]. Das gilt für die katholische Kirche, die eine Reihe von Enzykliken und offiziellen Dokumenten zu den Menschenrechten vorgelegt hat[17], aber auch für die evangelischen Kirchen in Deutschland[18] wie für den Ökumenischen Weltbund[19]; zuletzt haben sich auch evangelikale Gruppen zu Wort gemeldet[20]. Zugleich zählen die Kirchen zu den gesellschaftlichen Kräften, die Menschenrechte von wohlgemerkt staatlichen Akteuren – nicht mehr allein in „Entwicklungsländern"[21] – auch mit Nachdruck einfordern[22].

Die Gegenauffassung, wonach die Menschenrechte im Kern eine Frucht der Aufklärung bzw. des rationalen Vernunftrechts des 17. und 18. Jahrhunderts sind und teils gegen den erbitterten Widerstand der christlichen Kirchen erstritten werden mußten[23], kann sich immerhin auf päpstliche Autorität stützen. Nicht auf die des unlängst spektakulär zurückgetretenen Pontifex, aber auf seinen entfernten Amtsvorgänger *Pius VI.*, der 1791 die französische Erklärung der Menschen- und Bürgerrechte mit den berühmten Worten geißelte[24]:

„Da es nun des Menschen Pflicht ist, seine Vernunft so zu gebrauchen, daß er seinen Schöpfer nicht nur erkenne, sondern auch verehre, bewundere und alles auf ihn beziehe, und da er notwendigerweise von Geburt an seinen Vorgesetzten gehorchen muß, um von ihnen geführt und belehrt zu werden und so sein Leben entsprechend der Vernunft, der Menschlichkeit und der Religion einzurichten verstehe, so ist klar, daß jene angeborene Gleichheit und Freiheit unter den Menschen sinnlos (*inanis*) ist."

Die Liste solcher und vergleichbarer kirchenamtlicher Verurteilungen der Menschenrechte ließe sich durch das 19. Jahrhundert hindurch und bis weit in das 20. hinein verlängern[25]. Und im 21. Jahrhundert scheinen sogar in umgekehrter Perspektive die – warnenden – Stimmen zuzunehmen, die Religion auch oder sogar in erster Linie als *Gefahr* für die Menschenrechte wahrnehmen. Hier wird nicht immer auf Anhieb klar, ob lediglich religiöser Fundamentalismus[26] oder aber die Religion an sich gemeint ist[27], wenn beispielsweise die Sorge um die Menschenrechte namentlich von Frauen[28] und Homosexuellen[29] geäußert wird, die Diskriminierung durch Benachteiligungen aller Art oder verletzende moralische Urteile erführen.

Es ist im folgenden darzulegen, daß die beiden eingangs skizzierten Beobachtungen für sich genommen zutreffen und beide Positionen insofern „recht haben"[30], aber als Gesamtanalyse deutlich zu kurz greifen. Ohne die Frage nach dem Verhältnis von Christentum und Menschenrechten hier leichter Hand abschließend beantworten zu wollen (oder auch nur zu können), soll doch versucht werden, ein wenig Struktur in das hochkomplexe und keineswegs widerspruchsfreie Befundbild zu bringen.

Zunächst tut begriffliche Klarheit not: Wir müssen wissen, worüber wir sprechen, wenn wir „Christentum" und „Menschenrechte" untersuchen (II.). Daran schließen sich unter III. drei Sondierungen an, die offizielle Stellungnahmen (1.), mögliche Langfristwirkungen christlicher Lehren (2.) sowie auf gewissermaßen mittlerer Ebene konkrete Beiträge christlicher Positionen zum Menschenrechtskanon (3.) zum Gegenstand haben. Vor dem Fazit (V.) sei dann noch in umgekehrter Perspektive die Frage nach der Geltung der Menschenrechte im Christentum bzw. gegenüber seinen Institutionen erörtert (IV.).

II. Christentum und Menschenrechte: Begriffliche Verständigungen

Beginnen wir mit der Begrifflichkeit. Der eben nur umrissene Meinungsstand belegt bei näherem Hinsehen, daß er einem zumindest unscharfen Umgang mit dem Begriff des „Christlichen" geschuldet ist (1.). Vergleichbare Wahrnehmungsengführungen drohen aber auch beim Begriff der Menschenrechte (2.).

1. Christentum

Aussagen zum Einfluß „des" Christentums erfordern – so man sie in dieser Form nicht ohnehin für unmöglich hält – zwei Präzisierungen. Erstens werden wir im folgenden sorgfältig zwischen den drei großen Strömungen oder Traditionen des Katholizismus, des Protestantismus und der östlichen Orthodoxie unterscheiden müssen.

Wichtiger als diese sich aufdrängende Differenzierung ist zweitens die Unterscheidung nach expliziten offiziellen Stellungnahmen christlicher Amtsträger zur Frage der Menschenrechte und möglichen informellen Einflußfaktoren. Denn Voten wie das eingangs zitierte *Pius' VI.* belegen zwar punktuelle Gegnerschaft, schließen aber keineswegs aus, daß der Hierarch eine Position bekämpft, die sich organisch aus der Lehre entwickelt hat, die zu vertreten seine Aufgabe ist (oder gewesen wäre)[31]. In die Untersuchung sind somit auch die biblischen Fundamente der christlichen Lehre – in ihrer jeweils zeitgebundenen menschlichen Auslegung – sowie zuletzt die mit historischen Methoden nachweisbare soziale Präsenz des Christentums in verschiedenen Epochen einzubeziehen – für diesen letzten Punkt mag man stark verkürzt auch von „Praxis" sprechen[32].

2. Menschenrechte

Gerade theologische Untersuchungen zu den Menschenrechten und ihrer Genese kranken mitunter daran, daß sie mit einem extrem weit verstandenen Menschenrechtsbegriff arbeiten, der beispielsweise jede rechtlich fixierte oder auch nur moralisch fundierte Verhaltensnorm anspricht, die im weitesten Sinne Menschen nützt oder gar als „menschenfreundlich" aufgefaßt wird[33]. Dann wird etwa aus der Forderung nach Gerechtigkeit in Micha 6, 8 eine „Aussage[n] zugunsten der Menschenrechte"[34] oder aus dem Verbot des Blutvergießens in Genesis 9, 5 f. umstandslos „the first human right" (i.e. das Recht auf Leben)[35]. Die Liste ließe sich verlängern und macht an den Konfessionsgrenzen nicht halt[36].

Der Verfasser versteht im folgenden unter „Menschenrechten" lediglich solche verbindlichen Rechtspositionen, die dem einzelnen Menschen kraft seines Menschseins zukommen und vom Staat oder der internationalen Gemeinschaft zwar kodifiziert werden können (man spricht dann im Fall staatlicher Regelung von Grundrechten), aber auch unabhängig davon grundsätzlich Geltung beanspruchen[37]. Im Kern handelt es sich – jedenfalls bei den (bürgerlichen und politischen) Menschenrechten der sog. ersten Generation[38] – um Abwehrrechte gegen den Inhaber staatlicher Gewalt, also um an diesen gerichtete Verbote, etwa Eigentum zu konfiszieren, den einzelnen an Leib und Leben zu schädigen oder ihn wegen eines kritischen Leserbriefs einzusperren[39]. Zentral sind dabei die Gedanken, daß diese Rechtspositionen erstens dem einzelnen zugeordnet werden[40] und zweitens von ihm auch erzwungen werden können, also letztlich einklagbar sind[41]. Diese Deutung hat zwar eine ältere Tradition oder Vorläufer, die bis in die Antike und das Mittelalter zurückreichen – die antike Stoa gelangt etwa zu der philosophisch bzw. naturrechtlich fundierten Einsicht von der Gleichheit aller Menschen, wendet diese aber (nicht anders als später das Christenum, unten III.2.a) regelmäßig nicht gegen Hoheitsträger oder zieht sie heran, um beispielsweise die Sklaverei grundsätzlich in Frage zu stellen[42]. Auch die durchaus zahlreichen mittelalterlichen Freiheitsverbürgungen präsentieren sich überwiegend als Privilegien einzelner Gruppen, nicht als Individualrechte[43]. Und ob die These zutrifft, das Konzept subjektiver natürlicher Rechte gehe im Kern auf die mittelalterliche Kanonistik bzw. Scholastik zurück, wird augenblicklich noch intensiv diskutiert[44]. Von „Menschenrechten" in dem uns hier interessierenden Sinne kann man daher mit hinreichender Sicherheit erst seit dem 17. Jahrhundert sprechen[45]; als klassische Dokumente gelten die *Virginia Bill of Rights* (1776)[46] sowie natürlich die berühmte französische Erklärung der Menschen- und Bürgerrechte von 1789[47], die wir bereits im Spiegel der päpstlichen Kritik kennengelernt haben[48].

Was gilt es sich im Umkehrschluß zu vergegenwärtigen? Die bloße biblische Aussage, daß der Mensch frei sei[49], gleich sei[50] oder über Würde verfüge[51], darf nicht zur Annahme verleiten, die Schrift (oder ein Kirchenvater) gewähre oder fordere an dieser Stelle Menschenrechte im Sinne der genannten Dokumente[52]. Denn es ist ein gewaltiger Unterschied, ob ich dem Menschen etwa wegen seiner Gottesebenbildlichkeit Würde zuspreche oder diese Erkenntnis auch gegen den Staat wende[53] und zu der Schlußfolgerung gelange, es verstoße gegen diese Würde, wenn ich – um ein Beispiel aus der jüngeren Rechtsprechung anzuführen – einen Häftling in eine Zelle mit vier Quadratmetern Grundfläche und offener Toilette sperre[54]. Zur bloßen Behauptung eines besonderen menschlichen Status müssen mithin noch ihre Ausrichtung gegen den Inhaber staatlicher Gewalt und der Anspruch auf Verbindlichkeit hinzutreten, um von „Menschenrechten" reden zu können[55].

III. Christentum und
Menschenrechte: Genese

Inwiefern verdanken sich nun die so verstandenen modernen Menschenrechte christlichem Einfluß? Das soll im folgenden anhand dreier Sondierungen beispielhaft untersucht werden. Während die erste Untersuchung eher an der Oberfläche verharrt, indem sie im Kern danach fragt, wie sich die christlichen Gruppierungen *offiziell* gegenüber den Menschenrechten positioniert haben (1.), stellt die zweite eine „Tiefenbohrung" dar, die mögliche langfristige Wirkungen der Aussagen der christlichen Heilslehren thematisiert (2.). Auf mittlerem Niveau ist dazwischen die dritte Untersuchung angesiedelt, die nach konkreten christlichen Verursachungsbeiträgen zu einzelnen der heute geläufigen Menschenrechte fahndet (3.).

1. Christliche Abwehr der Menschenrechte

So einhellig heute die menschenrechtsfreundliche, ja vereinzelt -euphorische Haltung kirchlicher resp. theologischer Stellungnahmen ausfällt[56], so einmütig ist lange die Verurteilung der Menschenrechtsidee als „gottlos". Alle drei großen Konfessionen der Christenheit haben hier seit der ersten Konsolidierung der Menschenrechte im 18. Jahrhundert einen schmerzhaften Lernprozeß durchlaufen (müssen), den *Hans Maier* treffend als „Leidensgeschichte" bezeichnet hat[57]; in Einzelfragen darf er als bis heute noch nicht abgeschlossen gelten[58].

Gemeinsam ist allen Konfessionen dabei ein Vorwurf, der hier vor die Klammer gezogen werden soll: Die Menschenrechte werden als Ausdruck eines schrankenlosen Individualismus erlebt, der den notwendigen Bindekräften der Gemeinschaft nicht hinreichend Raum läßt[59]. Tatsächlich ist die methodische Prämisse des neuzeitlichen oder Vernunftnaturrechts streng individualistisch: Gemeinschaft und Staat werden vom isolierten Individuum her gedacht, konstruiert und gerechtfertigt[60]. In Reaktion hierauf haben – soviel vorweg – alle christlichen Konfessionen die Idee der Menschenrechte mehr oder minder deutlich verworfen und – verwerflicher noch – bis in die Gegenwart hinein Regime gestützt, deren Menschenrechtsverletzungen nicht zu übersehen waren[61].

a) Katholizismus

Zunächst zum Katholizismus[62]. Zwar dürfte ein katholischer Geistlicher erstmals den Begriff „Menschenrechte" (*derechos humanos*) gebraucht haben: Der Dominikaner *Bartholomé de Las Casas* (1484–1566) prägt ihn im 16. Jahrhundert in seinem Bemühen, die Rechte der Indianer gegen ihre spanischen Unterdrücker zu verteidigen[63]. So wie er in „Westindien" auf verlorenem Posten kämpft[64], bleibt auch seine rechtsphilosophische Innovation ohne Nachhall in der kirchlichen Lehre. Diese zieht sich unter dem Eindruck von Reformation und Aufklärung vielmehr auf eine gottgegebene Heils- und Lebensordnung zurück, die dem einzelnen zwar eine feste Position, aber praktisch keine individuellen Rechte zuweist[65]. Damit geht eine lange Kette von offiziellen Verurteilungen der Idee der Menschenrechte einher, die als typische Ausgeburten von Individualismus, Rationalismus und Modernismus perhorresziert werden[66]. Zugleich ist damit der Weg für eine Duldung, ja Unterstützung solcher Modelle einer staatlichen Ordnung geebnet, die versprechen, genau diesen Strömungen entgegenzutreten. Als Beispiele für menschen(rechts)verachtende Diktaturen, die gleichwohl den Segen der Amtskirche erhalten, mögen hier der Austrofaschismus[67] und das spanische Franco-Regime[68] genügen (anders gewendet: noch Anfang der Siebziger Jahre des vergangenen Jahrhunderts hätte die Menschenrechts-Weltkarte für das katholische Christentum deutlich weniger schmeichelhaft ausgesehen[69]).

Ihren Frieden mit den Menschenrechten macht die katholische Kirche letztlich unter dem Eindruck des Zweiten Weltkriegs. Hier beginnt – übrigens durchaus schon vor dem zweiten Vaticanum[70] – die Reformulierung des klassischen katholischen Naturrechts; aus der traditionellen objektiven Pflichtenordnung werden nunmehr subjektive Rechte abgeleitet[71]. Einzelne Vorarbeiten zu dieser maßgeblichen Akzentverschiebung hat gerade im deutschsprachigen Raum die kirchliche Soziallehre geleistet; unter ihrem Einfluß formuliert etwa Papst *Leo XIII.* 1891 in seiner Enzyklika „Rerum novarum"[72]:

> „... denn der Mensch ist älter als das Gemeinwesen: deshalb mußte jener sein Recht auf Schutz des Lebens und des Leibes von Natur aus haben, bevor irgendein Staat sich zusammengeschlossen hatte."

Hierauf wird zurückzukommen sein[73]. Ebenfalls subjektiv gewendet und zugleich auf Nichtkatholiken erstreckt wird das überkommene Naturrecht in Dokumenten des katholischen Widerstandes aus dem Umfeld des Kreisauer Kreises[74]. Beglaubigt wird der Sinneswandel dann in zentralen Aussagen der Enzyklika *Pacem in terris* (1963)[75] sowie insbesondere in der Konzilskonstitution *Dignitatis humanae* (1965)[76]:

> „Ferner erklärt das Konzil, das Recht auf religiöse Freiheit sei in Wahrheit auf die Würde der menschlichen Person selbst begründet, so wie sie durch das geoffenbarte Wort Gottes und durch die Vernunft selbst erkannt wird. Dieses Recht der menschlichen Person auf religiöse Freiheit muß in der rechtlichen Ordnung der Gesellschaft so anerkannt werden, daß es zum bürgerlichen Recht wird. Weil die Menschen Personen sind, d.h. mit Vernunft und freiem Willen begabt und damit auch zu persönlicher Verantwortung erhoben, werden alle – ihrer Würde gemäß – von ihrem eigenen Wesen gedrängt und zugleich durch eine moralische Pflicht gehalten, die Wahrheit zu suchen, vor allem jene Wahrheit, welche die Religion betrifft [...]. Der Mensch vermag aber dieser Verpflichtung auf die seinem eigenen Wesen entsprechende Weise nicht nachzukommen, wenn er nicht im

Genuß der inneren, psychologischen Freiheit und zugleich der Freiheit von äußerem Zwang steht. Demnach ist das Recht auf religiöse Freiheit nicht in einer subjektiven Verfassung der Person, sondern in ihrem Wesen selbst begründet. So bleibt das Recht auf religiöse Freiheit auch denjenigen erhalten, die ihrer Pflicht, die Wahrheit zu suchen und daran festzuhalten, nicht nachkommen, und ihre Ausübung darf nicht gehemmt werden, wenn nur die gerechte öffentliche Ordnung gewahrt bleibt."

Für das Pontifikat *Johannes Pauls II.* sind Menschenrechte (im *weltlichen* Bereich) dann bereits schlechthin zentral[77].

b) Protestantismus

Der offizielle Protestantismus ist der katholischen Kirche in dieser Frage bestenfalls knapp zuvorgekommen[78]. Auch hier findet sich im 16. Jahrhundert ein kurzes Aufflackern, als namentlich die aufständischen Bauern *Luthers* Schrift „Von der Freiheit eines Christenmenschen"[79] als Blaupause für Freiheit im Hier und Jetzt deuten[80] – daß (und wie) sie eines Besseren (oder Schlechteren) belehrt werden, ist hinlänglich bekannt[81]. In der Folge finden sich zwar keine vergleichbar drastischen förmlichen Absagen an die Menschenrechtsidee nach dem Muster der päpstlichen Bannstrahlen[82] – sie sind nach der dezentralen Struktur des Protestantismus und angesichts des Umstandes, daß er weit weniger zur Zielscheibe der Aufklärungsphilosophie taugt als die katholische Kirche, allerdings auch nicht zu erwarten. Eine vergleichsweise prominente Rolle spielt insofern der

schwedische (lutherische) Bischof *Anders Nygren*, der
in „Eros und Agape" (1930) jede Form des Insistierens
auf Gerechtigkeit oder gar auf dem einzelnen zu-
stehenden Rechten als unvereinbar mit der „Gottesgemeinschaft" ausweist, in der allein „unmotivierte
Liebe" ausschlaggebend sein dürfte[83]. Aber auch im
übrigen lautet die offizielle Linie bis weit in das 20.
Jahrhundert hinein, daß Obrigkeit gottgewollt und
die vorgefundene „rechte Ordnung" zu wahren sei[84] –
dieses Credo wird selbst dann noch verkündigt, wenn
diese Obrigkeit gerade unter Beweis stellt, daß sie sich
jeder rechtlichen Bindung zu entwinden versucht, wie
eine Stimme aus dem Jahre 1937 belegt[85]:

„Dies ist die wesentliche Sendung und Verantwortung der Kirche
gegenüber Volk und Staat: Das Lebensrecht des Staates anerkennen und den Gehorsam gegenüber der Obrigkeit verkündigen;
gleichzeitig in demütigem Gehorsam vor Gott ihre geistliche
Autorität aufrecht erhalten ...".

Umgekehrt finden sich in den Stellungnahmen lu-
theranischer, reformierter oder anglikanischer Amtsträger und Theologen (nichts anderes gilt für Kirchen-
rechtslehrer) lange praktisch keinerlei Anhaltspunkte
für menschenrechtliches Denken[86]. Dies trifft selbst
auf Stellungnahmen zu, die sich *während* der NS-
Zeit mit den Herausforderungen des „Totalen Staates"
auseinandersetzen; sie führen zwar die „christliche
Freiheit" im Munde, rekurrieren damit aber ganz
überwiegend gerade nicht auf individualrechtliche
Deutungsmuster[87]. Eine Ausnahmestellung dürfte
insofern dem reformierten Schweizer Theologen *Emil*

Brunner zukommen, der noch 1933 ein Werk vorlegt, das die „Ordnung" sinnfällig bereits im Titel führt[88], 1937 aber angesichts der Herausforderung durch den Totalitarismus an gleicher Stelle wie der zuletzt zu Wort gekommene Autor erste Überlegungen zu einer genuin theologischen Begründung weltlich wirksamer Freiheitsrechte formuliert[89] und diese mitten im Krieg in einer weiteren Schrift vertieft[90]. Es nimmt nicht wunder, daß er auch direkt nach 1945 unverkrampft Grundrechte direkt aus den Lehren des Christentums ableitet[91], während das protestantische Verhältnis zu den Menschenrechten im übrigen von Ambiguität geprägt ist: Auf der einen Seite stehen vereinzelte grundrechtsaffirmative Stimmen im Schrifttum[92] – unter ihnen mit *Karl Barth* ein weiterer prominenter Schweizer[93] – sowie die bekannte Stellungnahme des Außenamtes der EKD von 1950[94]:

„Nach evangelischer Erkenntnis gründen die Menschenrechte in der Gnade Gottes, des Schöpfers und Erlösers, der in Jesus Christus auf die Seite des Menschen getreten ist und ihm damit ein Recht schenkt und läßt, das der Mensch verwirkt hat. Darum geht es bei der Anerkennung von Menschenrechten nicht um ein in der menschlichen Autonomie begründetes Recht, sondern um das Recht, in dem ein jeder den anderen in seiner von Gott ihm verliehenen Würde zu respektieren hat, und das die menschliche Gemeinschaft trägt und erhält. Darauf beruht auch der Auftrag des Staates, das Recht zu wahren und den Menschen als Rechts-person zu schützen."

Dem stehen nach wie vor vereinzelte brüske Absagen gegenüber[95]; im übrigen bleibt es für das Jahrzehnt unmittelbar nach Kriegsende charakteristisch, daß im

Bestreben eines „geistigen Wiederaufbaus" der deutschen Gesellschaft protestantische Denker Zuflucht zu den „Ordnungen" nehmen, ohne Grund- oder Menschenrechten in ihren „Staatslehren" eine Funktion zuzuweisen oder sie auch nur zu erwähnen[96]. Auch in den großen rechtstheologischen Entwürfen aus der Feder von *Johannes Heckel*[97], *Hans Dombois*[98] und *Erik Wolf*[99] spielt die Frage der Grundrechte praktisch keine Rolle; *Heckel* kennt zwar „die drei göttlichen Grundrechte der gläubigen Christenheit im äußeren Leben", im Vergleich zu denen die weltlichen Grundrechte „bloß verzerrte Schattenbilder" sein sollen[100], doch verbergen sich dahinter keine Rechtsansprüche im hiesigen Sinne, sondern rein geistige Größen[101]. Ein Umdenken auf breiter Front setzt im Grunde erst in den Sechziger Jahren ein[102].

Das wiederum eher triste Bild hellt sich deutlich auf, wenn man diejenigen protestantischen Gruppen in den Blick nimmt, die wir gemeinhin mit dem eher ungnädigen Sammelbegriff der „Sekten" bedenken, also Quäker, Baptisten, Pfingstler und andere mehr[103]. Zwar lassen sich auch hier Beispiele dafür anführen, daß die eigene Verfolgungserfahrung in gnadenlose Unduldsamkeit umschlägt, sobald man selbst das Heft in der Hand hat[104] – für den Münsteraner liegt hier der Hinweis auf die Wiedertäufer nahe[105]. Zahlreicher aber sind die Fälle, in denen die Forderung nach freier Religionsausübung die Formulierung auch anderer Gewährleistungen anregt; wir werden darauf zurückkommen[106].

Hervorhebung verdient in diesem Kontext insbesondere der Kampf gegen die Sklaverei im ausgehenden 18. und 19. Jahrhundert[107]. Dem Verfasser ist keine Konstellation bekannt, in der vergleichbar früh eine evidente Menschenrechtsverletzung aus genuin christlicher Überzeugung als solche gebrandmarkt und letztlich auch erfolgreich bekämpft wird[108]. Erneut aber gilt: Die Stimme gegen die Sklaverei erheben nicht die Großkirchen, sondern die sogenannten Sekten[109]. Ihre Vertreter geben einer Bewegung ihre Gesichter und (religiösen) Argumente, die im späten 18. Jahrhundert im Vereinigten Königreich und ab 1830 in den Vereinigten Staaten Fahrt aufnimmt und in beiden Fällen binnen zweier Generationen die Oberhand gewinnt[110] – in Nordamerika bekanntlich um den Preis eines Bürgerkriegs[111].

c) Östliche Orthodoxie

Wenden wir uns zuletzt der orthodoxen Tradition[112] und zu diesem Zweck nochmals den Karten zu. Denn die Behauptung der Koinzidenz von christlicher Bevölkerungsmehrheit und Achtung der Menschenrechte fordert in einem Fall zum Widerspruch heraus: Auffällig viele Staaten mit orthodoxer Bevölkerungsmehrheit firmieren als nur teilweise frei oder unfrei – der Verweis auf Rußland möge hier genügen[113].

Damit korrespondiert, daß Stellungnahmen orthodoxer Hierarchen bis heute zumindest Vorbehalte gegenüber der Menschenrechtsidee anbringen[114] – das ehemalige Oberhaupt der Griechisch-orthodoxen Kirche, Erzbischof *Christodoulos* († 2008), hat die Menschenrechte noch 2006 ebenso plastisch wie bezeichnend als „andere Gottheit" denunziert, die lediglich als Vehikel fungiere, um Rechte der Kirche zu beschneiden[115]. Und die Russisch-orthodoxe Kirche hat zwar unlängst eine eigene Menschenrechtsdoktrin vorgelegt, die aber von geläufigen Individualrechtskatalogen markant abweicht und insbesondere mehr Pflichten als Rechte enthält[116].

Tatsächlich dürfte die Orthodoxe Kirche der Zweig des Christentums sein, der nicht nur in der Vergangenheit kaum erkennbare Beiträge zum Menschenrechtsdiskurs geleistet hat[117], sondern auch bis in die Gegenwart hinein hinter den übrigen Konfessionen zurückbleibt. Eine Ausnahme könnte das vergleichsweise strikte Festhalten der orthodoxen byzantinischen Reichskirche am Tötungsverbot darstellen, das zumindest als *Reflex* die Verweigerung des Kriegsdienstes sanktioniert hat[118] (weitere Ausnahmen stammen dann bezeichnenderweise regelmäßig aus in Westeuropa oder Nordamerika angesiedelten und dort auch sozialisierten Exilkirchen[119]). Zur Begründung muß hier – bei aller gebotenen Zurückhaltung gegenüber Stereotypen[120] – der Hinweis auf die traditionelle enge Anlehnung an die weltliche Gewalt[121], die generelle Abstinenz gegenüber einer Einwirkung auf die soziale Wirklichkeit[122] sowie die zahlreichen deplorablen Spätfolgen der kommunistischen Diktatur[123] genügen.

Wenn danach festzuhalten ist, daß die Verantwortlichen aller christlichen Großkirchen den Menschenrechten lange Zeit wenigstens skeptisch, ja offen feindlich gegenübergestanden haben, so ist damit über einen möglichen Einfluß christlichen Gedankenguts freilich noch nichts gesagt – die Hierarchen könnten sich (soweit dem Grunde nach möglich[124]) schlicht geirrt haben. Wir müssen also tiefer bohren und nach Inhalten fragen.

2. Christliche Senfkörner der Menschenrechtsidee

Wenn im folgenden von „Senfkörnern" die Rede ist, bedarf diese Anleihe bei der biblischen Bildsprache der Erläuterung[125]. Denn sie ist insofern potentiell mißverständlich, als sie nahelegen könnte, einzelne biblische Aussagen über den Menschen seien in einem natürlichen (oder gar gottgewollten) Prozeß quasi „aufgegangen" und hätten in Gestalt der modernen Menschenrechte „Frucht gebracht"[126]. Die Pointe des Gleichnisses vom Senfkorn (Markus 4, 30–32) ist ja gerade das völlig unerwartete und im Vorhinein keineswegs plausible Ergebnis[127] – ein gläubiger Anhänger der Systemtheorie würde davon sprechen, daß die Formulierung der Menschenrechte angesichts des biblischen Befundes „evolutionär unwahrscheinlich" war[128].

Die damit umrissene These, daß von den christlichen Lehren zwar kein direkter Weg zu den Menschenrechten führt, sie aber im Laufe der Geschichte erst für

weltliche und dann auch für christliche Denker eine
wichtige Ermöglichungsfunktion erfüllt haben, sei nun
anhand dreier Referenzgebiete erläutert. Dies sind die
in der Diskussion üblicherweise angeführten Topoi der
Würde bzw. der Freiheit und Gleichheit vor Gott (a),
der Schutz des Schwächeren (b) sowie – entgegen land-
läufiger Einschätzung wohl der wichtigste Punkt – die
christliche Scheidung von „weltlich" und „geistlich" (c).

a) Würde, Freiheit und Gleichheit vor Gott

Stellungnahmen zum Thema „Christentum und Menschenrechte" kommen selten ohne den Verweis auf
(vermeintlich) zentrale biblische Passagen aus, die den
Status der menschlichen Person beschreiben und sich
möglicherweise als frühe Ankerpunkte der Menschenrechtsidee ansprechen lassen[129]. Neben den Aussagen
zur Gottesebenbildlichkeit des Menschen (angefangen
mit dem Schöpfungsbericht in Genesis 1, 26 f.[130]) gilt
als *locus classicus* insbesondere der Galaterbrief. Der
Apostel *Paulus* führt zunächst aus (3, 27 f.)[131]:

„Denn ihr alle, die ihr auf Christus getauft seid, habt Christus
angezogen. Da gibt es nicht mehr Juden und Heiden, Sklaven
und Freie, Mann und Weib. Denn alle bildet ihr eine Einheit in
Christus Jesus."

Und wenig später leitet er seine Ermahnungen wie folgt
ein (5, 1):

„Zur Freiheit hat Christus uns befreit; so steht denn fest und laßt
euch nicht wieder in das Joch der Knechtschaft spannen."

Beide Texte werden in der gegenwärtigen Theologie als fundamentale Gleichheits- bzw. Freiheitsverheißungen gedeutet[132] und zugleich mit der Gottesebenbildlichkeit argumentativ verknüpft bzw. begründet[133]; ferner gilt als ausgemacht, daß sie über den innerkirchlichen Bereich hinausweisen und den Menschen in seiner ganzen Existenz erfassen[134].

Diese Deutung erscheint uns heute naheliegend, ja zwingend; soweit ich die Debatte überblicke, dürfte sie zumindest in der westlichen Theologie die „herrschende Meinung" darstellen[135]. Sie ist als Grundbestandteil moderner theologischer Auseinandersetzung mit der Menschenwürde und den Menschenrechten wie der mit ihnen verknüpften Einzelfragen nicht mehr wegzudenken.

Nur: Fast zweitausend Jahre lang haben Generationen von christlichen Theologen Tinte und „Gelehrtenblut" vergossen, ohne auch nur im Traum an diese für uns so evidenten Ergebnisse zu denken[136]. Der Alltagsvollzug der christlichen Gemeinden legt ebenfalls nahe, daß zumindest die praktische bzw. politische Wendung dieser Aussagen unterblieben ist. Denn schon in den Paulusbriefen selbst finden sich Anweisungen, die auf eine Ungleichbehandlung von Frauen in der Kirche zielen[137] bzw. die Gleichbehandlung von Sklaven auf den innerkirchlichen Bereich beschränken[138] – die weitere historische Entwicklung folgt wohlgemerkt lange Zeit dieser Fährte[139], nicht der allgemeinen Gleichheitsverheißung.

Es bleibt somit zunächst festzuhalten: Es führt kein *direkter* Weg von den biblischen Aussagen zum Status des Menschen zu den modernen Menschenrechten[140]. Vor uns klafft eine Lücke.

Sind die genannten Passagen damit für den Menschenrechtsdiskurs irrelevant[141]? Aus wenigstens zwei Gründen ist das nicht der Fall[142].

Der erste: Es ist richtig und wichtig, daß heute Theologen praktisch aller Konfessionen die Bibel menschenrechtsfreundlich deuten[143]. Denn erst diese Interpretation hat letztlich das – späte – Umschwenken der Amtskirchen ermöglicht bzw. im Nachhinein gerechtfertigt[144]. Und umgekehrt sichert sie die Akzeptanz der Menschenrechte in der Gesellschaft oder zumindest in ihrem christlichen Teil – der Menschenwürdesatz des Verfassungsrechts etwa wird zur leeren Hülle, wenn er nicht mehr auf einem aus verschiedenen Quellen gespeisten und wohlgemerkt *moralischen* Konsens aufruht, daß dem Menschen ein Wert an sich zukommt[145]. Schließlich ist die theologische Deutung wichtig als kritisches Potential, das die juristische Beschäftigung mit den Menschenrechten stetig hinterfragt[146]: anders als manche seiner Kollegen reagiert der Verfasser daher nicht allergisch auf Theologen, die über Menschenrechte und Menschenwürde nachdenken, sondern ist dankbar für solche Interventionen[147] – ganz im Sinne der schönen Wendung *Georg Essens* von der „[s]innstiftende[n] Unruhe"[148].

Während der letztgenannte Aspekt hauptsächlich die Gegenwart betrifft, greift der zweite weiter aus oder präziser zurück. Denn es bleibt erklärungsbedürftig, warum die Idee der Menschenrechte zwar nicht unter direktem Rückgriff auf biblische Texte, aber in einem christlichen Umfeld formuliert worden ist – und eben nicht in Bagdad, Kalkutta, Peking oder – so wäre zu ergänzen – Konstantinopel[149].

Dafür dürfte ursächlich sein, daß die christliche Lehre den konsequenten Individualismus der Aufklärung zwar lange verurteilt, ihn aber eigentlich überhaupt erst ermöglicht hat. Er stellt letztlich eine philosophische Zuspitzung der Maxime der individuellen Erlösung dar[150], die anderen Religionen in dieser Form entweder fremd ist oder doch eine weniger prominente Rolle spielt. In diesem Sinne ist das christliche Menschenbild der Personalität wie der Individualität verpflichtet und insofern sozusagen „menschenrechtsgeneigt"[151].

b) Schutz des Schwächeren

Bereits im Alten Testament finden sich zahlreiche Gebote, die sozial Benachteiligte schützen – statt aller sei hier Deuteronomium 24, 6 zitiert[152]:

> „Man darf nicht die Handmühle oder den oberen Mühlstein zum Pfande nehmen; denn damit nimmt man das Leben zum Pfande."

Solche und vergleichbare Weisungen im Neuen Testament werden in der Diskussion ebenfalls angeführt, um christliche bzw. jüdisch-christliche Wurzeln der Menschenrechte zu reklamieren[153].

Allerdings gilt es sich einmal mehr zu vergegenwärtigen, daß wir es hier zwar mit einer großen und unbe-
dingt bewahrenswerten Tradition der Nächstenliebe zu
tun haben[154], nicht aber mit Menschenrechten in dem
oben umrissenen Sinne[155]. Denn die Bibel formuliert
hier objektiv geltende Normen, nicht aber Ansprüche.
Nächstenliebe macht die Welt für uns Menschen er-
träglich, indem sie auffordert, über das Recht hinaus-
zugehen, ist aber kein Menschenrecht[156].

Gleichwohl ist sie für unser Thema nicht belanglos.
Der Verursachungszusammenhang ist aber wiederum
ein indirekter: Wir haben erstens bereits am Beispiel
der katholischen Kirche gesehen, daß die in der Tra-
dition dieser biblischen Gebote formulierte Sozial-
lehre eine bedeutsame Vermittlungsfunktion für die
Neuausrichtung des traditionellen Naturrechts hatte[157].
Zweitens gehen von den biblischen Geboten wichtige
Impulse für die Debatte um Menschenrechte als soziale
Rechte (wir sprechen auch von Menschenrechten der
zweiten Generation[158]) aus[159]. Drittens und letztens
schließlich ist die biblische Tradition des Schutzes des
Schwächeren für die gegenwärtige Theologie wiederum
Anlaß, hinter den einzelnen Geboten die fundamentale
Aussage von der Anerkennung einer gleichen Würde
aller Menschen zu formulieren[160].

c) Scheidung von „weltlich" und „geistlich"

Es bleibt als dritter Punkt die bereits im Neuen Testament angelegte Trennung der Sach- und Kompetenz-

bereiche von „weltlich" und „geistlich"[161]. Nun ist bekanntlich die Frage, was denn genau „Caesars" und was „Gottes" ist, im Herrenwort[162] nicht präzise beantwortet und bis heute strittig[163] – man denke jüngst nur an die Stichworte „Streikrecht in kirchlichen Einrichtungen"[164] oder „Kirchenaustritt"[165]. Und noch in der Debatte über den Umgang mit dem Mißbrauchsverdacht gegen Geistliche dürfte für einige Stellungnahmen von katholischer Seite der tiefsitzende Reflex verantwortlich zeichnen, daß die Maßregelung der Kleriker Sache der weltlichen Gewalt nicht sei[166].

Gleichwohl aber bleibt als grundlegende Weichenstellung zu verzeichnen, daß das Christentum – dies im markanten Unterschied etwa zum Islam[167] – keine Vollkompetenz beansprucht, sondern sich auf die Ordnung nur eines Ausschnitts der *conditio humana* beschränkt[168]. Es bleibt Raum für ein „Daneben".

Inwiefern ist dieses „Daneben" relevant für die Entwicklung der Menschenrechtsidee? Das Christentum läßt von Beginn an Freiräume für die Philosophie[169], später weitere Wissenschaften, in denen konkurrierende Lebens- und Sinnentwürfe gezeichnet werden können. Man kann das so deuten, daß das Christentum zu *schwach* ist, um auf Dauer Konkurrenz in seinem „Haus" auszuschalten. Möglicherweise ist die gegenteilige Deutung vorzugswürdig, daß das Christentum *stark* genug ist, Konkurrenz auszuhalten und von ihr zu lernen[170].

Eine zentrale Kurskorrektur scheint mir in diesem Rahmen die mittelalterliche Entscheidung für eine

Rezeption der aristotelischen Philosophie zu sein, die sich insbesondere mit *Albertus Magnus* und *Thomas v. Aquin* verbindet[171]. Damit aber steht – gewissermaßen christlicherseits beglaubigt oder „getauft" – ein komplettes System der Weltdeutung zur Verfügung, das dem Grunde nach ohne Gott auskommt[172]. Zwar ist die Philosophie des Aristoteles ihrerseits nicht genuin menschenrechtsfreundlich[173]. Ihre Anerkennung bahnt aber den Weg für die Philosophie insgesamt, beispielsweise auch für die der Menschenrechtsidee deutlich offeneren Gedanken der Stoiker[174]. Die Bedeutung dieser Öffnung wird erst dann greifbar, wenn man die Entwicklung im Islam vergleicht: Denn hier scheitert etwa zur gleichen Zeit die Rezeption der aristotelischen Lehre; die religiöse Orthodoxie duldet keine selbständige Philosophie neben sich[175].

Nicht weniger wichtig ist in diesem Kontext schließlich die ebenfalls von *Thomas v. Aquin* zusammengefaßte christliche Naturrechtslehre[176]. Zwar ist sie als solche primär ordnungsfixiert und bis auf einzelne Ansätze gerade nicht freiheitlich[177]. Die bloße christliche Anerkennung eines kraft menschlicher Vernunft erkennbaren Naturrechtskorpus erlaubt aber später den Brückenschlag zum neuzeitlichen Vernunftnaturrecht[178]. Hier tun sich Religionen resp. Konfessionen, die ein Naturrecht wie Islam[179] und östliche Orthodoxie[180] entweder ganz ablehnen oder ihm wie einzelne Zweige des Protestantismus mit markanter Skepsis gegenüberstehen[181], deutlich schwerer.

3. Christliche Beiträge zum Menschenrechtskanon

Wenden wir uns nunmehr einzelnen Grund- bzw. Menschenrechten zu und fragen, ob sich in den geläufigen Menschenrechtskatalogen bzw. im Grundgesetz Spuren konkreten christlichen Einflusses finden lassen. Das setzt zunächst eine Auseinandersetzung mit der These von der Religionsfreiheit als „Urgrundrecht" voraus (a), bevor nacheinander einzelne moderne Rechtsgewährleistungen auf ihre christlichen Spuren abgetastet werden (b-e).

a) Religionsfreiheit als „Urgrundrecht"?

Die These von der Religionsfreiheit als „Urgrundrecht" stammt von dem Heidelberger Juristen *Georg Jellinek*. Sie besagt – stark verkürzt –, daß die Gewissens- bzw. Religionsfreiheit – maßgeblich gefordert von protestantischen Sekten in England und Nordamerika – als erstes Grundrecht Anerkennung gefunden und anschließend als Katalysator für weitere Freiheiten gewirkt habe[182]. Die Versammlungsfreiheit sei in dieser Sicht zunächst die Freiheit gewesen, sich zu religiösen Zwecken zu versammeln, und so fort[183].

Was die historische Priorität anbelangt, so gilt *Jellineks* These heute als widerlegt[184] – regelmäßig ist der Schutz vor willkürlicher Verhaftung (*habeas corpus*) früher nachweisbar[185], und selbst in Nordamerika folgt die Religionsfreiheit oft zeitlich erst auf andere Grundrechte wie die Pressefreiheit oder den Schutz des Eigentums[186]. Hingegen wird der Gedanke, daß gerade die protestantischen Sekten neben ihrer religiösen Freiheit noch andere Gewährleistungen gefordert bzw. formuliert haben, in der Forschung augenblicklich intensiv diskutiert[187]; ein abgeschlossenes Bild ist hier noch nicht entstanden. Durchgesetzt hat sich namentlich die Lesart, daß die auf *Roger Williams* zurückgehende *Charter of Rhode Island and Providence Plantations* (1663) mit ihrer weitreichenden Gewährleistung der Religionsfreiheit auf täuferisches Gedankengut zurückgeht[188].

Im übrigen gilt, daß in der Tat alle christlichen Gruppen früh die Forderung nach Religionsfreiheit erhoben haben – angefangen mit Petitionen an die römischen Cäsaren, die diese zur Einstellung der Verfolgung bewegen sollten[189]. Man muß allerdings reichlich Wasser in den scheint's genuin menschenrechtlichen Wein gießen, denn selbstverständlich galt diese Forderung praktisch stets nur für die eigene Gruppe[190]. Eine Ausnahme mag hier der lateinische Kirchenvater *Lactantius* sein, der sich tatsächlich für die Duldsamkeit *(patientia)* zwischen den verschiedenen Religionen aussprach[191].

b) Heiligkeit des Lebens

Art. 2 Abs. 2 S. 1 GG schützt Leben und körperliche Unversehrtheit des Menschen vor staatlichen Maßnahmen wie den Übergriffen anderer Grundrechtsträger[192].

Eine Quelle dieses Grundrechts wird nun gemeinhin im Eintreten der katholischen Lehre für die Heiligkeit des Lebens gesehen[193], wie es Papst *Johannes Paul II.* noch einmal emphatisch zusammengefaßt hat[194]:

> „4. Das erste ist das Grundrecht auf Leben. Das menschliche Leben ist heilig und unantastbar vom ersten Augenblick seiner Empfängnis bis zu seinem natürlichen Ende ...".

Dieses klare Bekenntnis hat sich seit jeher in einer kategorischen Ablehnung der Abtreibung niedergeschlagen[195], aber auch in der Verurteilung der Selbsttötung[196] oder im Kampf gegen Duelle, die als Einwilligung in den Verlust des eigenen Lebens perhorresziert werden[197]. Ganz konsequent hat die Kirche diese ablehnende Haltung zuletzt auf die Todesstrafe ausgedehnt[198]. Dem geht freilich eine längere Geschichte der ausdrücklichen Anerkennung bzw. des Festhaltens an der Notwendigkeit der Todesstrafe voraus[199] – noch in der frühen Bundesrepublik gehört der prominente Vertreter der katholischen Naturrechtslehre *Adolf Süsterhenn* zu den letzten Verfechtern der Wiedereinführung der Todesstrafe[200].

Was die Genese des Art. 2 Abs. 2 S. 1 GG anbelangt, so ist im Ergebnis zu differenzieren: Zwar läßt sich am konkreten Fall des Grundgesetzes eine deutliche Einflußnahme namentlich von katholischer Seite beobachten. Daß sie (vergeblich) darauf drängte, Abtreibungen qua Verfassung zu verbieten[201], belegt zugleich, daß es hier nicht allein um Individualrechte, sondern einmal mehr um die Inpflichtnahme des (hier präziser:

der) einzelnen geht – ein Befund, der uns noch öfter begegnen wird.

Wendet man sich vom Grundgesetz ab und fragt allgemeiner nach den Quellen des Grundrechts auf Leben[202], so gehört es von Anfang an zu den festen Bestandteilen der Menschenrechtskataloge der Aufklärungsphilosophie[203], prominent etwa bei *John Locke*, der die Rechte des Menschen auf die berühmte Trias von *life, liberty, property* eindampft[204].

c) Ehe und Elternrecht

Anders ist es um den besonderen Schutz der Ehe und das „Elternrecht" (kurz für elterliches Erziehungsrecht) bestellt, die wir heute im Grundgesetz in Art. 6 Abs. 1 u. 2 gewährleistet finden[205]. Beide Rechte fehlen in dieser Form in den frühen Menschenrechtserklärungen der Aufklärungszeit[206] – gerade das hat die SPD im Parlamentarischen Rat übrigens zum Anlaß genommen, Vorbehalte gegen ihre Aufnahme zu äußern[207]. Hingegen gehören sie spätestens seit dem 19. Jahrhundert als feste Bestandteile zum Forderungskatalog der katholischen Kirche[208]. Auch bei der Genese des Grundgesetzes[209] wie – erst recht – seiner späteren Deutung ist hier kirchlicher Einfluß spürbar[210].

Haben wir damit – endlich – ein genuin christliches Menschenrecht (oder gleich zwei) vor uns[211]? Wieder ist die Lage komplizierter. Nach kirchlichem Verständnis folgen beide Rechtspositionen aus dem Naturrecht und haben auch einen individualschützenden Gehalt.

Der einzelne hat zunächst das gottgegebene Recht, zu heiraten[212]:

> „Bezüglich des *Rechtes auf Ehe* lehrten schon Unsere glorreichen Vorgänger Leo XIII. und Pius XI. an erster Stelle, daß ‚kein menschliches Gesetz dem Menschen das natürliche und ursprüngliche Recht auf Ehe nehmen kann'.“

Zugleich legt das Kirchenrecht seit dem Mittelalter größten Wert darauf, daß es dabei auf seinen eigenen Willen ankommt, nicht etwa auf den der Sippe[213], und daß zumindest beim *Zustandekommen* des Bundes Mann und Frau gleichberechtigt sind[214]. Das Ehepaar hat ferner das Recht, seine Kinder zu erziehen[215]. Wieder aber wird dieses Recht überformt oder wenigstens mitbestimmt durch Pflichten: Das „Elternrecht" ist für die katholische Kirche stets auch der Hebel, vom Staat die Einrichtung konfessioneller Schulen oder wenigstens des obligatorischen Religionsunterrichts zu fordern[216], korrespondiert doch mit diesem Recht die Pflicht, die Kinder nach den Lehren der Kirche zu erziehen[217]. Und der Schutz der Ehe ist in erster Linie stets der Schutz der Institution[218] – das kirchliche Naturrecht denkt hier einmal mehr in Ordnungsgefügen, hinter denen Individualrechte zurücktreten.

d) Eigentum (verpflichtet)

Daß der Schutz des Eigentums früh fester Bestandteil der Menschenrechtskataloge der Aufklärung ist, haben wir bereits gesehen (*property*)[219]. Gleichwohl sind hier

gleich zwei Einflußnahmen christlicher Lehren zu verzeichnen[220]. Denn zum einen stützt *Locke* seine naturrechtliche Herleitung des Eigentums auf Argumente,
die er *Albertus Magnus* und seinem Schüler *Thomas v.
Aquin* entlehnt[221] – allerdings ohne Zitat, wir müssen
also strenggenommen von einem Menschenrechtspla-
giat sprechen[222]. Der Fall belegt zugleich anschaulich,
daß die Aufklärungsphilosophie in vielfacher Hinsicht
sehr wohl dem scholastischen Mittelalter verpflichtet
ist, dies in ihrem Originalitätswahn aber nicht immer
wahrhaben will[223].

Der zweite Punkt: Die konkrete Ausgestaltung des
Grundgesetzes, das ein Grundrecht auf Eigentum an-
erkennt (Art. 14 Abs. 1 GG)[224], aber sogleich in die
Pflicht nimmt (Art. 14 Abs. 2 GG) und sogar die Sozialisierung für möglich erklärt (Art. 15 GG)[225], ist in
dieser Form dem Einfluß der katholischen Soziallehre
geschuldet[226], die einmal mehr das Individualrecht
der Aufklärung „einfängt" und gemeinschaftskonform
einhegt[227]. Die neuere Forschung hat hier eindrucks-
voll belegt, daß die für das Zustandekommen dieser
Regelung wichtige Vorgängerfassung in Art. 153 Abs. 1
und 3 der Weimarer Reichsverfassung maßgeblich von
dem Zentrumspolitiker und Kirchenrechtler *Konrad
Beyerle* geprägt worden ist[228].

e) Rechtsgarantien vor Gericht

Der letzte Punkt mag etwas überraschen, aber tatsächlich sind die meisten Grundrechte, die wir heute als

„Justizgrundrechte" zusammenfassen[229], nach Vorarbeiten der römischen Juristen[230] in ihrer modernen
Form von mittelalterlichen Kirchenjuristen (den sog.
Kanonisten) formuliert worden[231]. Das gilt etwa für
das Verbot der Doppelbestrafung (in die lateinische
Kurzformel des *ne bis in idem*[232] gekleidet[233]), das Verbot rückwirkender Bestrafung als Teil des Gesetzlich-
keitsprinzips (*nulla poena sine lege praevia*)[234], das
(gleiche) rechtliche Gehör (in der bekannten Vignette
audiatur et altera pars)[235], den Anspruch auf den gesetzlichen Richter, also das Recht, nur von demjenigen
abgeurteilt zu werden, der nach der im Prinzip blinden
gesetzlichen Zuteilung dafür zuständig ist[236], oder die
berühmte strafprozessuale Maxime *in dubio pro reo*
(„Im Zweifel für den Angeklagten"), nach der vom Gericht nicht zu klärende Fragen diesem nicht zur Last
fallen dürfen[237]. Dabei wird in der Regel nicht oder nur
der Form halber biblisch argumentiert[238], sondern auf
grundlegende Gerechtigkeitserwägungen und damit
letztlich auf das scholastische Naturrecht abgestellt[239].

Allerdings muß hier festgehalten werden, daß einige dieser Justizgrundrechte ungeachtet ihrer kanonistischen Genese heute für den kirchlichen Prozeß
nicht mehr gelten[240] – damit sind wir aber schon bei
der Frage der Menschenrechte in der Kirche.

IV. Christentum und
Menschenrechte: Geltung

Ich will der zweiten großen Leitfrage wiederum in drei
Schritten nachgehen. Am Anfang steht eine kurze Be-
standsaufnahme (1.), bevor Möglichkeiten eines Men-
schenrechtsschutzes in den Kirchen ausgelotet werden
(2.). Den Schluß bildet die Grundfrage nach der Über-
tragbarkeit staatlicher Maßstäbe auf die Kirchen (3.).

1. Menschenrechte in der Kirche:
Entwicklung und augenblicklicher Stand

Der weltweite Einsatz der Kirchen für die Menschenrechte steht in einem merklichen Kontrast zu der Be-
reitschaft, sich selbst in vergleichbarer Weise zu bin-
den[241]. Nach den obigen Feststellungen zur offiziellen
Abwehrhaltung ist zunächst klar, daß derartige Vorstöße ohnehin erst in der Nachkriegszeit zu erwarten
sind. Tatsächlich finden sich mittlerweile in einzelnen
protestantischen Kirchenverfassungen punktuelle Gewährleistungen oder ganze Grundrechtsabschnitte, die
staatlichen Katalogen nachempfunden sind[242]. In der
katholischen Kirche sind Pläne, im Anschluß an das
zweite Vaticanum einen eigenen Grundrechtekatalog zu

formulieren, nicht verwirklicht worden[243]. Der geltende Codex Iuris Canonici von 1983 enthält dementsprechend nur einen Abschnitt, der bezeichnenderweise „Pflichten und Rechte aller Gläubigen" überschrieben ist[244]. Für beide Kirchen ist schließlich vergleichsweise einhellig anerkannt, daß sie weder an staatliche Grundrechte noch an internationale Menschenrechtspakte gebunden sind[245].

2. Menschenrechte in der Kirche: Perspektiven

Dieser Zustand wird öfters als mißlich empfunden[246]. Das ist verständlich vor dem Umstand, daß namentlich die Amtskirchen ihren Mitgliedern über (zu?) weite Strecken wie Behörden gegenübertreten, sich also im Alltagsvollzug in ein Gewand werfen, das dem des Staates bis in die Gestaltung von Schreiben hinein verblüffend ähnelt[247]. Dann aber ist in der Tat kaum einsichtig, daß die Einwirkungsmöglichkeiten, die wir dem Staat gegenüber haben und als selbstverständlich empfinden – nämlich demokratische Mitbestimmung und durch Menschenrechte gesicherte Freiheitssphären – gegenüber dem „zweiten Staat", mit dem wir uns konfrontiert sehen, versagen sollen[248]. Vor diesem Hintergrund erscheint es als konsequent, eine Anpassung der Kirchen an staatliche Standards zu fordern, konkret an Menschenrechte und Demokratie, die insofern zwei Seiten einer Medaille sind[249]. Als jüngstes einschlägiges Beispiel ließen sich hier die entsprechenden Passagen aus der Erklärung von rund 150 katholischen Theologie-Professorinnen und Professoren anführen[250].

3. Reichweite und Grenzen der Parallelisierung von Staat und Kirche

Abschließend sei erläutert, warum der Verfasser ungeachtet aller Kritik, die an der langen Menschenrechtsabstinenz der Kirchen zu üben ist, insofern skeptisch bleibt. Diese Skepsis speist sich aus der Sorge, ob die Übertragung von Organisationsmodellen, die für den modernen Staat geeignet, ja zwingend sind, auf die Kirchen nicht deren Sinn verfehlt[251]. Das erscheint bei der Demokratie als vergleichsweise evident, bei den Menschenrechten immerhin als plausibel.

Zur Demokratie[252]: Legt man das geläufige Verständnis zugrunde, ist der erste Satz der Demokratie die stolze Wendung „Alle Staatsgewalt geht vom Volke aus."[253] Die ganze Tragweite dieses Satzes versteht man erst dann, wenn man sich vergegenwärtigt, daß er in der europäischen Tradition einen unausgesprochenen Nachsatz hatte und hat, der da lautet „… und nicht von Gott."[254] Das wird man auf die Kirche nur um den Preis übertragen können, daß sie sich als rein menschliche Einrichtung versteht und jede Form von Stiftung abstreift[255].

Zu den Menschenrechten: Wahrscheinlich sind die Kirchen mehr als gut beraten, zentrale Forderungen der Menschenrechtskataloge zumindest dann zu wahren, wenn und soweit sie rechtsförmlich und damit letztlich staatsanalog agieren[256]. Die Grenze dürfte insbesondere die (innere) Religionsfreiheit markieren[257]. Den Staat verpflichtet sie zur religiösen Neutralität und zum Verzicht auf jede Bewertung religiöser Überzeugungen[258]; ein Modell, das sich wiederum gegen eine Übertragung eins zu eins allzu offensichtlich sperren muß[259].

V. Schluß: Menschenrechte als „List der Geschichte" des Christentums?

Wir kommen zum Schluß. Sind die Menschenrechte nach alledem christliche Errungenschaften? Sicherlich nicht, oder nur zu einem verschwindend geringen Teil. Das offizielle Christentum hat die modernen Menschenrechte lange geradezu erbittert bekämpft und erst spät erkannt, daß seine heiligen Schriften sehr wohl die Grundlage für eine eigene christliche Theologie der Menschenrechte bilden. Die historische Leistung des Christentums in Sachen Menschenrechten beschränkt sich in der Vergangenheit mithin im Kern darauf, daß es Raum dafür gelassen hat, daß weltliche Denker den im christlichen Menschenbild zumindest angelegten Individualismus konsequent zu Ende gedacht haben. Daß es diesen Schritt in der Gegenwart endlich nachvollzogen hat, ist eher für die Zukunft wichtig.

Was lehrt uns dieser quälend lange Lernprozeß? Sehr viel über Gottes unendliche Langmut mit seiner Schöpfung. Ob der späten Entdeckung der Möglichkeit einer Fundierung der Menschenrechte in der Schrift auch ein Plan zugrundeliegt, vermag der Verfasser als *Jurist* allerdings nicht zu beurteilen.

Anmerkungen

I. Christentum und Menschen-
rechte: Stand der Debatte(n)

1 Hier nur einige repräsentative Beiträge: P. *Lombardía*, Die
Grundrechte der Gläubigen, in: Concilium 5 (1969), S. 608ff.;
W. *Rüfner*, Die Geltung von Grundrechten im kirchlichen Bereich,
in: Essener Gespräche zum Thema Staat und Kirche 7 (1972),
S. 9ff.; *D. Pirson*, Grundrechte in der Kirche, in: Zeitschrift für
evangelisches Kirchenrecht 17 (1972), S. 358ff.; *H. Heinemann*,
Menschenrechte? Eine Anfrage an das Kirchenrecht, in: Österrei-
chisches Archiv für Kirchenrecht 25 (1974), S. 238ff.; *J. Neumann*,
Menschenrechte auch in der Kirche?, 1976, S. 23ff.; *P. Hinder*,
Grundrechte in der Kirche. Eine Untersuchung zur Begründung
der Grundrechte in der Kirche, 1977, S. 81ff.; *J.A. Coriden*, Die
Menschenrechte in der Kirche: Eine Frage der Glaubwürdigkeit und
Authentizität, in: Concilium 15 (1979), S. 234ff.; M. Piters/K. Walf
(Hrsg.), Menschenrechte in der Kirche, 1980; E. Corecco/N. Her-
zog/A. Scola (Hrsg.), Die Grundrechte des Christen in Kirche und
Gesellschaft. Akten des IV. Internationalen Kongresses für Kir-
chenrecht, 1981; *G. Höver*, „Die Kirche und die Menschenrechte", in:
J. Schwartländer (Hrsg.), Modernes Freiheitsethos und christlicher
Glaube, 1981, S. 344ff.; *E. Corecco*, Erwägungen zum Problem der
Grundrechte des Christen in Kirche und Gesellschaft: methodo-
logische Aspekte, in: Archiv für katholisches Kirchenrecht 150
(1981), S. 421ff.; *F. Furger/C. Strobel-Nepple*, Menschenrechte und
katholische Soziallehre, 1985; *H.F. Zacher*, Grundrechte als Sache
der Welt und als Sache der Kirche, in: E.-W. Böckenförde/R. Spae-
mann (Hrsg.), Menschenrechte und Menschenwürde, 1987, S. 327
(339ff.); L. Swidler/P. Connor (Hrsg.), „Alle Katholiken haben
das Recht ...". Freiheitsrechte in der Kirche (1988), 1990 (mit einer
Einführung von *N. Greinacher*, einer „Charta der Katholikenrechte

in der Kirche" und 32 Kurzkommentaren dazu); C. Vander Stichele
u.a. (Hrsg.), Disciples and Discipline. European Debate on Human
Rights in the Roman Catholic Church, Löwen 1993; *J. H. Provost*,
Rights of persons in the church, in: R. B. Douglass/ders. (Hrsg.),
Catholicism and Liberalism, Cambridge/New York 1994, S. 296 ff.;
W. J. Everett, Human Rights in the Church, in: J. Witte/J. D. van der
Vyver (Hrsg.), Religious Human Rights in Global Perspective. Re-
ligious Perspectives, Den Haag/Cambridge [Mass.] 1996, S. 121 ff.;
D. Witschen, Christliche Ethik der Menschenrechte. Systematische
Studien, 2002, S. 5 ff.; *H. Charlesworth*, The Challenges of Human
Rights Law for Religious Traditions, in: M. W. Janis/C. Evans
(Hrsg.), Religion and International Law, Leiden/Boston 2004,
S. 401 (404 ff.); *H. Schambeck*, Grundrechte in der Lehre der ka-
tholischen Kirche, in: D. Merten/H.-J. Papier (Hrsg.), Handbuch
der Grundrechte in Deutschland und Europa, Bd. I, 2004, § 8
Rn. 16 ff.; *T. Marauhn*, Grundrechte in den Kirchen?, in: P. Richli
(Hrsg.), Wo bleibt die Gerechtigkeit?, 2005, S. 203 ff.; *A. Loretan*,
Grundrechte in den Kirchen, ebda., S. 227 ff.; *M. Honecker*, Recht in
der Kirche des Evangeliums, 2008, S. 288 f.; *G. Robbers*, Menschenrechte und Christentum, in: B. v. Hoffmann (Hrsg.), Universalität
der Menschenrechte. Kulturelle Pluralität, 2009, S. 87 ff.; *K. Hilpert*,
Menschenrechte oder Gottes Gebote? Zwischen christlicher Genese
und säkulärer Geltung, in: H.-G. Ziebertz (Hrsg.), Menschenrechte,
Christentum und Islam, 2010, S. 49 (58 ff.); *C. Waldhoff*, Katholizismus und Verfassungsstaat, in: Jahres- und Tagungsbericht der
Görresgesellschaft 2010, 2011, S. 43 (47 ff.); *L. Müller*, Rechtsschutz
in der Kirche. Die Begründung kirchlichen Verfahrensrechts, in:
ders. (Hrsg.), Rechtsschutz in der Kirche, 2011, S. 9 ff.

2 Auch hier nur – angefangen mit dem Sonderheft von Conci-
lium 15 (1979), S. 197 ff. – einige ausgewählte Beiträge: *T. Rendtorff*,
Christian Concepts of the Responsible Self, in: L. S. Rouner (Hrsg.),
Human Rights and the World's Religions, Notre Dame 1988, S. 33
(34 ff.); *M. Spieker*, Christen, Grundgesetz und Grundrechte, in:
R. Morsey/K. Repgen (Hrsg.), Christen und Grundgesetz, 1989,
S. 127 (128 ff.); *P. Sieghart*, Christianity and Human Rights, in:
Law & Justice – Christian Law Review 100/101 (1989), S. 5 (8 ff.);
G. Putz, Christentum und Menschenrechte, 1991, S. 19 ff.; *W. Kas-
per*, The Theological Foundations of Human Rights, in: The Ca-

tholic Lawyer 34 (1991), S. 253 ff.; *W. Huber,* Art. Menschenrechte /
Menschenwürde, in: G. Müller u.a. (Hrsg.), Theologische Real-
enzyklopädie, Bd. XXII, 1992, S. 577 ff.; *H. Maier,* Christentum und
Menschenrechte. Historische Umrisse, in: W. Odersky (Hrsg.), Die
Menschenrechte, 1994, S. 49 ff.; *J. D. Gort,* The Christian ecumenical Reception of Human Rights, in: A. A. An-Na'im / ders. / H. Jan-
sen / H. M. Vroom (Hrsg.), Human Rights and Religious Values: An
Uneasy Relationship, Amsterdam 1995, S. 203 (210 ff.); *P. Landau,*
Reflexionen über Grundrechte der Person in der Geschichte des
kanonischen Rechts, in: H. J. F. Reinhardt (Hrsg.), Theologia et
Jus Canonicum. Festgabe für Heribert Heinemann, 1995, S. 517
(520 ff.); *M. Heckel,* Der Einfluß des christlichen Freiheitsver-
ständnisses auf das staatliche Recht, in: Essener Gespräche zum
Thema Staat und Kirche 30 (1996), S. 82 ff.; *J. Lockwood O'Donovan,* The Concept of Rights in Christian Moral Discourse, in:
M. Cromartie (Hrsg.), A Preserving Grace: Protestants, Catholics,
and Natural Law, Grand Rapids 1997, S. 143 ff.; *C. Villa-Vicencio,*
Christianity and Human Rights, in: Journal of Law and Religion
14 (1999/2000), S. 579 ff.; *P. J. Tettinger,* Christliche Werte in der
europäischen Grundrechtediskussion, 2002, S. 6 ff.; *I. Riedel-Span-
genberger,* Europäische Grundrechtstraditionen. Ein Überblick
über die Entwicklung vom christlichen Abendland bis hin zur
Europäischen Grundrechtscharta, in: H. Zapp / A. Weiß / S. Korta
(Hrsg.), Ius Canonicum in Oriente et Occidente. Festschrift für
Carl Gerold Fürst, 2003, S. 135 (140 ff.); *G. Robbers,* Menschenrechte
aus der Sicht des Protestantismus, in: Merten / Papier, Handbuch
I (Fn. 1), § 9 Rn. 7 ff.; *R. McCorquodale,* Contemporary Human
Rights and Christianity, in: Law & Justice – Christian Law Re-
view 154 (2005), S. 6 ff.; *M. L. Stackhouse,* Why Human Rights
Need God: A Christian Perspective, in: E. M. Bucar / B. Barnett
(Hrsg.), Does Human Rights Need God?, Grand Rapids / Cam-
bridge 2005, S. 25 (33 ff.); *M. Borowski,* Die Glaubens- und Ge-
wissensfreiheit des Grundgesetzes, 2006, S. 70 ff.; *G. Newlands,*
Christ and Human Rights, Aldershot / Burlington 2006, S. 37 ff.;
K. Graf Ballestrem, Katholische Kirche und Menschenrechte, in:
M. Brocker / T. Stein (Hrsg.), Christentum und Demokratie, 2006,
S. 147 ff.; *C. Schellenberg,* Art. Menschenwürde, Menschenrechte
(Th), in: W. Heun u.a. (Hrsg.), Evangelisches Staatslexikon, [4.]

Neuaufl. 2006, S. 1528 ff.; *G. Tosi / J. Pessoa,* The Theological roots of subjective rights: *Dominium, ius* and *potestas* in the debate on the Indian question (Sec. XVI), in: M. Kaufmann / R. Schnepf (Hrsg.), Politische Metaphysik. Die Entstehung moderner Rechtskonzeptionen in der Spanischen Spätscholastik, 2007, S. 125 ff.; N. Ghanea / A. Stephens / R. Walden (Hrsg.), Does God Believe in Human Rights?, Leiden / Boston 2007; *M. J. Perry,* Christianity and Human Rights, in: J. Witte / F. S. Alexander, Christianity and Law, Cambridge u. a. 2008, S. 237 ff.; *H. Dreier,* Religion und Verfassungsstaat im Kampf der Kulturen, in: ders. / E. Hilgendorf (Hrsg.), Kulturelle Identität als Grund und Grenze des Rechts, 2008, S. 11 (18 ff.); *ders.,* in: ders. (Hrsg.), Grundgesetz-Kommentar, Bd. I, 3. Aufl. 2013, Vorb. Rn. 3; *P. G. Kirchschläger / T. Kirchschläger,* Menschenrechte und Religionen – eine Einführung, in: dies. (Hrsg.), Menschenrechte und Religionen, 2009, S. 81 ff.; *C. N. Nathan,* The Changing Face of Religion and Human Rights, Leiden / Boston 2009; J. Witte / F. S. Alexander (Hrsg.), Christianity and Human Rights, Cambridge u. a. 2010; *N. P. Wolterstorff,* Christianity and Human Rights, in: J. Witte / M. C. Green (Hrsg.), Religion and Human Rights, Oxford / New York 2012, S. 42 ff. sowie *E. Klein,* Bedeutung und Verständnis der Menschenrechte im Denken der katholischen Kirche und der evangelischen Kirche in Deutschland, in: Zeitschrift für evangelisches Kirchenrecht 57 (2012), S. 410 (425 ff.). Siehe ferner die aktuellen Beiträge in der einschlägigen Fachzeitschrift „Religion and Human Rights", 2006 ff., zuletzt *J. Kiper,* Do Human Rights Have Religious Foundations?, in: Religion and Human Rights 7 (2012), S. 109 ff. – Gänzlich eigenständiger Ansatz bei *H. Joas,* Die Sakralität der Person. Eine neue Genealogie der Menschenrechte, 2011, der allerdings den im Titel erhobenen Anspruch nicht einlöst, weil sich der Band im Kern mit dem Lebensrecht und der Menschenwürde auseinandersetzt, andere Rechte aber praktisch ausblendet; kritisch wie hier *H. Dreier,* Säkularisierung und Sakralität, 2013, S. 103 ff.

3 So – im anderen Kontext – bereits *M. Kriele,* Zur Geschichte der Grund- und Menschenrechte, in: N. Achterberg (Hrsg.), Öffentliches Recht und Politik. Festschrift für Hans Ulrich Scupin, 1973, S. 187 (187 f.); wie hier auch *Z. R. Calo,* Catholic Social Thought, Political Liberalism and the Idea of Human Rights,

in: Journal of Christian Legal Thought 1 (2011), Nr. 2, S. 9 f.; vollständige Fassung abrufbar unter http://issuu.com/clsnet/docs/jclt_fall_2011?mode=window& viewMode=doublePage, S. 1 (1).

4   Rede zum 20. Jahrestag der Deutschen Einheit am 3.10.2010 in Bremen, abrufbar unter: http://www.bundespraesident.de/SharedDocs/Reden/DE/Christian-Wulff/Reden/2010/10/201010 03_Rede.html.

5   *F. P. Tebartz-van Elst*, Haben wir eine christliche Leitkultur?, in: FAZ Nr. 240 v. 15.10.2010, S. 34. – Gleichsinnig im Vorfeld: *J. Isensee*, Integration mit Migrationshintergrund: Verfassungsrechtliche Daten, in: Juristenzeitung 2010, S. 317 (320); *C. Langenfeld*, Islam und Grundgesetz, in: Recht der Jugend und des Bildungswesens 58 (2010), S. 5 ff. sowie – besonders prononciert – *T. Stein*, Himmlische Quellen und irdisches Recht. Religiöse Voraussetzungen des freiheitlichen Verfassungsstaates, 2007, S. 62 ff. u. passim. – Vergleichbare Beiträge aus dem angelsächsischen Raum: J. C. Haughey (Hrsg.), The Faith That Does Justice: Examining the Christian Sources for Social Change, New York 1977; *W. J. Harrelson*, The Ten Commandments and Human Rights, 2. Aufl. Macon 1997, S. vii u. passim; *M. J. Perry*, The Idea of Human Rights. Four Inquiries, Oxford/New York 1998, S. 11 ff.; *K. P. Lee*, Deeper Longings: The Relevance of Christian Theology for Contemporary Rights Theories, in: Ave Maria Law Review 3 (2005), S. 289 (297 ff.); *R. Stark*, The Victory of Reason: How Christianity Led to Freedom, Capitalism, and Western Success, New York 2005, S. 23 ff. u. passim; *S. Strehle*, The Egalitarian Spirit of Christianity. The Sacred Roots of American and British Government, New Brunswick/London 2009, S. 277 ff. u. passim.

6   Siehe Genesis 1, 27: „Und Gott schuf den Menschen nach seinem Bilde, nach dem Bilde Gottes schuf er ihn" (die Texte der Hl. Schrift werden hier und im folgenden nach der in Abstimmung mit der Jerusalemer Bibel erfolgten Herder-Ausgabe [1965] zitiert). Näher *T. Fleiner/L. R. Basta Fleiner*, Allgemeine Staatslehre, 3. Aufl. 2004, S. 155; *K. Stern*, Die Idee der Menschen- und Grundrechte, in: Merten/Papier, Handbuch I (Fn. 1), § 1 Rn. 8; *F. Wittreck*, Jesus Christus oder Immanuel Kant – auf wessen Schultern ruht das Grundgesetz?, in: ders. (Hrsg.), 60 Jahre Grundgesetz – Verfassung mit Zukunft!?, 2010, S. 9 (17 f.) – alle m.w.N. Näher unten III.2.a.

7   Apodiktisch *E. Brunner,* Das Menschenbild und die Menschenrechte I, in: Universitas II (1947), S. 269 (269: „... denn [scil.
das Menschenrecht, F. W.] hängt entweder in der Luft, oder aber es
hängt an einer ewigen, göttlichen Ordnung"). – In diese Richtung
auch *J. Isensee,* Die alten Grundrechte und die biotechnische
Revolution, in: J. Bohnert u.a. (Hrsg.), Verfassung – Philosophie –
Kirche. Festschrift für Alexander Hollerbach, 2001, S. 243 (253):
„... als sich unverfügbare, einmalige, zu gegenseitiger rechtlicher
Anerkennung verpflichtete Geschöpfe"; *A. Uhle,* Freiheitlicher
Verfassungsstaat und kulturelle Identität, 2004, S. 146; *Stackhouse,*
Human Rights (Fn. 2), S. 33 ff.; *P. Kirchhof,* Die Idee der Menschenwürde als Mitte der modernen Verfassungsstaaten, in: The Pon-
tifical Academy of Social Sciences (Hrsg.), Conceptualization of
the Person in Social Sciences, Rom 2006, S. 140 (144 ff.); *E. Regan,*
Theology and the Boundary Discourse of Human Rights, Washington 2010, S. 23 ff. – Zusammenfassend *W. Vögele,* die christliche
Deutung der Menschenwürde im Kontext gegenwärtiger Debatten,
in: C. Thies (Hrsg.), Der Wert der Menschenwürde, 2009, S. 63 ff.
sowie *Wittreck,* Jesus Christus (Fn. 6), S. 11 ff., 17 f., 26 ff.; pointierte
Gegenposition bei *T. Gutmann,* Säkularisierung und Normen-
begründung, in: N. Jansen/P. Oestmann (Hrsg.), Gewohnheit,
Gebot, Gesetz, 2011, S. 221 (227 ff., 244 ff.).

8   Aus der wiederum reichhaltigen Literatur einige erste Hin-
weise, zunächst jüngere Sammelbände: M. A. Baderin (Hrsg.),
Islam and Human Rights. Selected Essays of Abdullahi An-Na'im
(Collected Essays in Law), Farnham/Burlington 2010; H. Elliesie
(Hrsg.), Islam und Menschenrechte/Islam and Human Rights,
2010; A. M. Emon/M. S. Ellis/B. Glahn (Hrsg.), Islamic Law and
International Human Rights Law, Oxford 2012; siehe ferner *R. Has-
san,* On Human Rights and the Qur'anic Perspective, in: Journal of
Ecumenical Studies 19 (1982), S. 51 ff.; *dies.,* Religious Human Rights
and the Qur'an, in: Emory International Law Review 10 (1996),
S. 85 ff.; *dies.,* Rights of Women Within Islamic Communities,
in: Witte/van der Vyver, Religious Perspectives (Fn. 1), S. 361 ff.;
M. Charfi, Die Menschenrechte im Bezugsfeld von Religion, Recht
und Staat in den islamischen Ländern, in: J. Schwartländer (Hrsg.),
Freiheit der Religion – Christentum und Islam unter dem Anspruch
der Menschenrechte, 1993, S. 93 ff.; *I. Khan,* Islamic Human Rights

and International Human Rights Standards, in: Appeal Review of Current Law and Law Reform 5 (1999), S. 74 ff.; *R. Peters,* Islamic Law and Human Rights: a contribution to an ongoing debate, in: Islam and Christian-Muslim Relations 10 (1999), S. 5 ff.; *J. C. Bürgel,* Der Islam und die Menschenrechte, in: R. Kley / S. Möckli (Hrsg.), Geisteswissenschaftliche Dimensionen der Politik. Festschrift für Alois Riklin, 2000, S. 31 ff.; *C. Kartal,* Islam und Menschenrechte, in: Kritische Justiz 36 (2003), S. 382 ff.; *T. Nagel,* Erst der Muslim ist ein freier Mensch!, in: G. Nolte / H.-L. Schreiber (Hrsg.), Der Mensch und seine Rechte. Grundlagen und Brennpunkte der Menschenrechte zu Beginn des 21. Jahrhunderts, 2004, S. 121 ff.; *M. G. Fischer / A. Diab,* Islam und Menschenrechte, in: Neue Juristische Wochenschrift 2007, S. 2972 ff.; *A. Guichon,* Some Arguments on the Universality of Human Rights in Islam, in: J. Rehman / S. C. Breau (Hrsg.), Religion, Human Rights and International Law, Leiden / Boston 2007, S. 167 ff.; *M. Abou Ramadan,* Notes on the *Sharia*: Human Rights, Democracy, and the European Court of Human Rights, in: Israel Law Review 40 (2007), S. 156 ff.; *J. Rehman,* Conflicting Values or Misplaced Interpretations? Examining the Inevitability of a Clash between ‚Religions' and ‚Human Rights', in: Ghanea / Stephens / Walden, Does God Believe (Fn. 2), S. 65 (78 ff.); *K. Hashemi,* Religious Legal Traditions, International Human Rights Law and Muslim States, Leiden / Boston 2008; *S. Akbarzadeh / B. MacQueen,* Islam and Human Rights in Practice. Perspectives across the Ummah, London / New York 2008; *S. Kokew / O. Sacarçelik,* Islam und Menschenrechte im aktuellen Diskurs, in: Die Welt des Islams 51 (2011), S. 235 ff.; *H.-J. Sandkühler,* Menschenrechte in der arabischen Welt, in: MenschenRechtsMagazin [sic] 17 (2012), S. 5 (5 f.); *Y. Ben Achour,* Die Menschenrechte im Islam denken oder die zweite Fâthia, ebda., S. 13 (20 ff.); zuletzt *A. A. An-Na'im,* Islam and Human Rights, in: Witte / Green, Religion (Fn. 2), S. 56 ff.

9   Auch hier nur einige Hinweise: Instruktive Synthesen haben zuletzt *Nathan,* Changing Face (Fn. 2) sowie *K. Ceming,* Religionen und Menschenrechte. Menschenrechte im Spannungsfeld religiöser Überzeugungen und Praktiken, 2010, S. 75 ff. vorgelegt; siehe ferner die Beiträge von *D. F. Polish,* Judaism and Human Rights, in: Journal of Ecumenical Studies 19 (1982), S. 40 ff.; *M. Fishbane,* The Image of the Human and the rights of the Individual in Jewish Tradition,

in: Rouner, Human Rights (Fn. 2), S. 17 ff.; *D. Novak,* Religious Human Rights in the Judaic Tradition, in: Emory International Law Review 10 (1996), S. 69 ff.; *ders.,* Religious Human Rights in Judaic Texts, in: Witte / van der Vyver, Religious Perspectives (Fn. 1), S. 175 ff.; *ders.,* The Judaic foundation of rights, in: Witte / Alexander, Christianity and Human Rights (Fn. 2), S. 47 ff.; *ders.,* A Jewish Theory of Human Rights, in: Witte / Green, Religion (Fn. 2), S. 27 ff.; *N. Solomon,* Religion and Human Rights with Special Reference to Judaism, in: Ghanea / Stephens / Walden, Does God Believe (Fn. 2), S. 89 ff. – *K. K. Inada,* The Buddhist Perspective on Human Rights, in: Journal of Ecumenical Studies 19 (1982), S. 66 ff.; *T. Unno,* Personal Rights and Contemporary Buddhism, in: Rouner, Human Rights, ebda., S. 129 ff.; *R. A. F. Thurman,* Human Rights and Human Responsibilities: Buddhist Views on Individualism and Altruism, in: I. Bloom / J. P. Martin / W. L. Proudfoot (Hrsg.), Religious Diversity and Human Rights, Columbia 1996, S. 87 (106 ff.); *S. B. King,* Buddhism and Human Rights, in: Witte / Green, Religion, ebda., S. 103 ff. – *K. Mitra,* Human Rights in Hinduism, in: Journal of Ecumenical Studies 19 (1982), S. 77 ff.; *J. B. Carman,* Duties and Rights in Hindu Society, in: Rouner, Human Rights, ebda., S. 113 ff.; *M. Juergensmeyer,* Hindu Nationalism and Human Rights, in: Bloom / Martin / Proudfoot, ebda., S. 243 (251 ff.); *W. Menski,* Hinduism and Human Rights, in: Witte / Green, Religion, ebda., S. 71 ff. – *A. C. Yu,* Enduring Change: Confucianism and the Prospect of Human Rights, in: Bucar / Barnett, Human Rights (Fn. 2), S. 104 ff.; *W. Craig,* International Human Rights and Confucianism, in: Asia-Pacific Journal on Human Rights and the Law 1 (2006), S. 38 ff.

10   Schlußfolgerungen in diese Richtung namentlich bei *K. A. Schachtschneider,* Grenzen der Religionsfreiheit am Beispiel des Islam, 2. Aufl. 2012, S. 86 f. In der Tendenz auch bei *Isensee,* Integration (Fn. 5), S. 326 und *A. Frhr. v. Campenhausen,* Grundrechte als europäische Leitidee, in: D. Merten / H.-J. Papier (Hrsg.), Handbuch der Grundrechte in Deutschland und Europa, Band VI/1, 2010, § 136 Rn. 111 f. sowie zuvor bei *C. Hillgruber,* Der deutsche Kulturstaat und der muslimische Kulturimport, in: Juristenzeitung 1999, S. 538 (547).

11   Diese Konnotation bei *Isensee,* Integration (Fn. 5), S. 321; *E. Hilgendorf,* Religion, Recht und Staat. Zur Notwendigkeit ei-

ner Zähmung der Religionen durch das Recht, in: ders. (Hrsg.), Wissenschaft, Religion und Recht. Festschrift für Hans Albert, 2006, S. 359 (381: „Der Islam hat diesen Zähmungsprozess noch nicht durchgemacht"); *W. Bock,* Islam, Islamisches Recht und Demokratie, in: Juristenzeitung 2013, S. 60 (67: „Abbau von Belastungen") sowie prononciert *J. Braun,* Rechtsrelativismus und Rechtsabsolutismus. Oder: Was ist eigentlich aus dem Naturrecht geworden?, in: Juristenzeitung 2013, S. 265 (267). – Wohltuend abgewogen *G. Klinkhammer,* Auf dem Weg zur Körperschaft des öffentlichen Rechts? Die Integration des Islam in Deutschland im Spannungsfeld von säkularer politischer Ordnung, Religionsfreiheit und christlicher Kultur, in: dies./T. Frick (Hrsg.), Religionen und Recht, 2002, S. 181 (198 ff.) sowie *C. Waldhoff,* Religionsfreiheit und ihre Grenzen, in: A. Rauscher (Hrsg.), Handbuch der Katholischen Soziallehre, 2008, S. 957 (965 ff.).

12   Ein „Quasi-Paradox" beobachtet hier *Ballestrem,* Kirche (Fn. 2), S. 147.

13   Beispielsweise unter http://de.wikipedia.org/wiki/Bild: Weltreligionen.png (vgl. den Anhang, S. 118).

14   Ohne sich die Ziele der Organisation vollumfänglich zu eigen machen zu wollen, ließe sich hier auf die von „Freedom House" jährlich veröffentlichte „Map of Freedom" verweisen, die wiederum auf deren Jahresbericht zur Lage der Freiheit basiert (http://www.freedomhouse.org/report/free-dom-world/freedom-world-2013); vgl. nochmals den Anhang (S. 119).

15   Wie hier in der Einschätzung *L. Abid,* Welcher Islam – welche Menschenrechte?, in: Ziebertz, Menschenrechte (Fn. 1), S. 127 (128); vgl. ferner die abgewogenen Darstellungen von *T. Koraytem,* Arab Islamic Developments on Human Rights, in: Arab Law Quarterly 16 (2001), S. 255 (261 f.); *A. E. Mayer,* Remarks on Human Rights and Islam in the Middle East, in: Elliesie, Islam (Fn. 8), S. 219 (220 ff.); *R. Grote,* Models of Institutional Control: The Experience of Islamic Countries, in: ders./T. J. Röder (Hrsg.), Constitutionalism in Islamic Countries. Between Upheaval and Continuity, Oxford/New York 2012, S. 221 (230 ff.); *E. Cotran/E. Brown,* The Protection of Human Rights in the Palestinian Territories, ebda., S. 597 (600 ff.); *Sandkühler,* Menschenrechte (Fn. 8), S. 8. – Zur tatsächlichen Rolle der Religion instruktiv *M. Baderin,* The Role

Christentum und Menschenrechte

of Islam in Human Rights and Development in Muslim States, in: Rehman/Breau, Religion (Fn. 8), S. 321 (334 ff.).

16 Synthese bei *M. Shupack*, The Churches and Human Rights: Catholic and Protestant Human Rights Views as Reflected in Church Statements, in: Harvard Human Rights Journal 6 (1993), S. 127 (128 ff.) sowie *J. B. Hehir*, Religious Activism For Human Rights: A Christian Case Study, in: Witte/van der Vyver, Religious Perspectives (Fn. 1), S. 97 ff.

17 Siehe beispielhaft die folgenden amtlichen Verlautbarungen: *Johannes XXIII.*, Enzyklika „Pacem in terris" v. 11.4.1963, in: P. Hünermann (Hrsg.), H. Denzinger, Kompendium der Glaubensbekenntnisse und kirchlichen Lehrentscheidungen, 43. Aufl. 2010, Rn. 3955 ff.; *Pontifical Commission „Justitia et Pax"*, The Church and Human Rights, Working Paper Nr. 1, 1. Aufl. Rom 1975, 2. Aufl. Rom 2011; *Johannes Paul II.*, Enzyklika „Redemptor hominis" v. 4.3.1979, Nr. 17 sowie den Katechismus der Katholischen Kirche, 1993, Rn. 1930: „Zur Achtung der menschlichen Person gehört auch die Achtung der Rechte, die sich aus ihrer Würde als Geschöpf ergeben." – Aus der Literatur: *F. Refoulé*, Bemühungen der obersten kirchlichen Autorität um die Menschenrechte, in: Concilium 15 (1979), S. 240 ff.; *D. Hollenbach*, Claims in Conflict: Retrieving and Renewing the Catholic Human Rights Tradition, New York 1979, S. 41 ff.; *ders.*, A communitarian reconstruction of human rights: a contribution from Catholic tradition, in: Douglass/ders., Catholicism (Fn. 1), S. 127 ff.; *J. Langan*, Human Rights in Roman Catholicism, in: Journal of Ecumenical Studies 19 (1982), S. 25 ff.; *R. Traer*, Faith in Human Rights: Support in Religious Traditions for a Global Struggle, Washington 1991, S. 63 ff. (ebda., S. 19 ff., 49 ff. für die protestantischen Kirchen); *M. R. Roers*, An Analysis of Roman Catholic Human Rights Doctrine, in: Macalester Journal of Philosophy 6 (1996), S. 90 ff.; *G. Filibeck*, Human Rights, the Foundation of Peace. The Teaching of the Catholic Church, with Special Reference to Religious Freedom, in: M. J. Breger (Hrsg.), The Vatican-Israel Accords, Notre Dame 2004, S. 235 ff.; *Regan*, Theology (Fn. 7), S. 23 ff.

18 Aus dem Kreis protestantischer Wortmeldungen: *W. Huber/H. E. Tödt*, Menschenrechte. Perspektiven einer menschlichen Welt, 1977, S. 45 ff., 157 ff.; *Reformierter Weltbund*, Die theologische

50

Basis der Menschenrechte, in: J.M. Lochmann/J. Moltmann (Hrsg.), Gottes Recht und Menschenrechte. Studien und Empfehlungen des Reformierten Weltbundes, 2. Aufl. 1977, S. 61 ff.; N.N. (Hrsg.), Die Denkschriften der Evangelischen Kirche in Deutschland, Bd. 1/2: Frieden, Versöhnung und Menschenrechte, 1978, S. 87 ff., 105 ff. sowie *W. Huber,* Gerechtigkeit und Recht, 3. Aufl. 2006, S. 269 ff.; aus der Literatur dazu *J. R. Nelson,* Human Rights in Creation and Redemption: A Protestant View, in: Journal of Ecumenical Studies 19 (1982), S. 1 ff.; *M. Heckel,* Die Menschenrechte im Spiegel der reformatorischen Theologie (1987), in: ders., Gesammelte Schriften: Staat, Kirche, Recht, Geschichte, Bd. II, 1989, S. 1122 (1154 ff.); *N. P. Wolterstorff,* Modern Protestant developments in human rights, in: Witte/Alexander, Christianity and Human Rights (Fn. 2), S. 155 (161 ff.).

19 Vgl. das „Statement on Human Rights" des Ökumenischen Kirchenrates von 1998 (*World Council of Churches, Commission of the Churches on International Affairs,* Human rights and the churches – new challenges: a statement by an international ecumenical consultation, in: World Council of Churches, 1998, S. 7 ff.) und zu dessen Menschenrechtsengagement *U. Scheuner,* Die Menschenrechte in der ökumenischen Diskussion, in: Ökumenische Rundschau 24 (1975), S. 152 ff.; *L. J. Niilus,* Die Bemühungen des Ökumenischen Rates der Kirchen und von SODEPAX um die Menschenrechte, in: Concilium 15 (1979), S. 245 ff.; *E. Weingärten,* A Decade of Human Rights in the WCC: An Evaluation, in: J. Zalaquett (Hrsg.), The Human Rights Issue and Human Rights Movement, Genf 1981, S. 44 ff. sowie *J. D. Gort,* The Christian Ecumenical Reception of Human Rights, in: An-Na'im/ders./Jansen/Vroom, Human Rights (Fn. 2), S. 204 (214 ff.).

20 Diese späte Hinwendung schildert und analysiert *Z. R. Calo,* „The New Internationals": Human Rights and American Evangelicalism, in: D. K. Ryden (Hrsg.), Is the Good Book Good Enough? Evangelical Perspectives on Public Policy, Lanham u.a. 2012, S. 149 (154 ff.).

21 Zur katholischen Kirche als Menschenrechtsakteur in der „Dritten Welt" etwa *S. Galilea,* Die lateinamerikanische Kirche im Kampf für die Menschenrechte, in: Concilium 15 (1979), S. 253 ff.; *C. Cook Dipboye,* The Roman Catholic Church and the Political

Struggle for Human Rights in Latin America, 1968–1980, in: Journal
of Church and State 24 (1982), S. 497 (506 ff.); *J. Rüland u.a.*, Kirche
und Menschenrechte. Zum Beispiel Philippinen (Bensberger Protokolle 33), 1981; *P. E. Arns,* Kirche und Menschenrechte in Latein-
amerika, in: H.-U. Erichsen (Hrsg.), Lateinamerika und Europa im
Dialog. Menschenrechte – Wirtschaftliche Verflechtung – Men-
schenbild – Minderheiten, Medien – Politische Beziehungen, 1989,
S. 19 ff.; *M. E. Crahan,* Catholicism and Human Rights in Latin
America, in: Bloom / Martin / Proudfoot, Diversity (Fn. 9), S. 262 ff.;
T. Rey, Catholicism und Human Rights in Haiti: Past, Present, and
Future, in: Religion and Human Rights 1 (2006), S. 229 (241 ff.);
F. Hagopian, Social Justice, Moral Values, or Institutional Interests?
Church Responses to the Democratic Challenge in Latin America,
in: ders. (Hrsg.), Religious Pluralism, Democracy, and the Catholic
Church in Latin America, Notre Dame 2009, S. 257 (270 ff.).

22 *Benedikt XVI.,* Die Menschenrechte und die Suche nach
dem Gemeinwohl. Ansprache bei Besuch der UN-Vollversamm-
lung, New York 2008, in: ders., Die Ökokologie des Menschen. Die
Großen Reden des Papstes, 2012, S. 35 (39 ff.); siehe ferner *Kirchen-
amt der EKD,* „Ohne Ansehen der Person. Der Schutz vor Ras-
sismus als menschenrechtliche Aufgabe", Materialheft zum Tag der
Menschenrechte 2012 (www.ekd.de / presse); T. Hoppe / M. Knapp
(Hrsg.), Soziale Menschenrechte und katholische Soziallehre
(Wissenschaftliche Arbeitsgruppe für weltkirchliche Aufgaben
der deutschen Bischofskonferenz), 2012; aus der Literatur dazu
W. Aymanns, „Munus" und „Sacra potestas", in: Corecco / Her-
zog / Scola, Grundrechte (Fn. 1), S. 185 (189 ff.). – Instruktiver Ver-
gleich der kirchlichen Menschenrechtslehre mit der „weltlichen"
bei *C. McCrudden,* Legal and Roman Catholic Conceptions of
Human Rights: Convergence, Divergence and Dialogue?, in: Ox-
ford Journal of Law and Religion 1 (2012), S. 1 ff.; vgl. ferner *I. Cotler,*
Jewish NGO's and Religious Human Rights: A Case-Study, in:
Witte / van der Vyver, Religious Perspectives (Fn. 1), S. 235 ff. sowie
Nathan, Changing Face (Fn. 2), S. 162 ff.

23 Prominent *Dreier* (Fn. 2), Vorb. Rn. 4 sowie *F. W. Graf,* Die
Wiederkehr der Götter, 3. Aufl. 2004, S. 214 ff.; so bereits zuvor:
C. E. Curran, Religious Freedom and Human Rights in the World
and in the Church: A Christian Perspective, in: L. Swidler (Hrsg.),

Religious Liberty and Human Rights in Nations and Religions, Philadelphia/New York 1986, S. 143 (145); *Huber*, Menschenrechte/Menschenwürde (Fn. 2), S. 591; siehe ferner *L. Henkin*, Religion, Religions and Human Rights, in: Bucar/Barnett, Human Rights (Fn. 2), S. 145 (148 ff.); *E. Hilgendorf*, Religion, Gewalt und Menschenrechte. Eine Problemskizze am Beispiel von Christentum und Islam, in: Dreier/ders., Identität (Fn. 2), S. 169 (179 ff.); *A. Fiala*, Theocentrism and Human Rights: A Critical Argument, in: Religion and Human Rights 3 (2008), S. 217 (220 ff.); *Gutmann*, Säkularisierung (Fn. 7), S. 229; selbstkritisch auch *L. Kühnhardt*, Achtung und Verwirklichung der Menschenrechte, in: Rauscher, Handbuch (Fn. 11), S. 999 (999).

24 Enzyklika „Quod aliquantum" v. 10.3.1791; zitiert nach: A. F. Utz/B. Gräfin v. Galen (Hrsg.), Die katholische Sozialdoktrin in ihrer geschichtlichen Entfaltung, Bd. III, 1976, S. 2663 f., Rn. 11 f.; dazu eingehend *B. Plongeron*, Konfrontation mit den Menschenrechtserklärungen im 17. [sic] Jahrhundert: Anathema oder Dialog der Christen?, in: Concilium 15 (1979), S. 218 ff.; *J. Isensee*, Die katholische Kritik an den Menschenrechten, in: Böckenförde/Spaemann, Menschenrechte (Fn. 1), S. 138 ff.; *ders.*, Keine Freiheit für den Irrtum. Die Kritik der katholischen Kirche des 19. Jahrhunderts an den Menschenrechten als staatsphilosophisches Paradigma, in: Zeitschrift der Savigny-Stiftung für Rechtsgeschichte, Kanonistische Abteilung 104 (1987), S. 296 ff.; *Putz*, Christentum (Fn. 2), S. 85 ff.; *E. Borgman/B. van Dijk/T. Salemink*, Roman Catholic Tradition and Human Rights, in: Vander Stichele u.a., Disciples (Fn. 1), S. 25 (31 ff.); *Schambeck* (Fn. 1), § 8 Rn. 18; *R. Uertz*, Vom Gottesrecht zum Menschenrecht. Das katholische Staatsdenken in Deutschland von der Französischen Revolution bis zum II. Vatikanischen Konzil (1789–1965), 2005, S. 38 ff.; *T. Bloch*, Die Stellungnahmen der römisch-katholischen Amtskirche zur Frage der Menschenrechte seit 1215, 2007, S. 55 ff. – Instruktiv zum Kontext der französischen Revolution *M. Burleigh*, Irdische Mächte, göttliches Heil, 2008, S. 76 ff.; weitere Kritik an der Erklärung analysiert *J.-L. Darcel*, Les résistances à la *Déclaration des Droits de l'homme et du citoyen*: Edmund Burke et Joseph de Maistre, in: P. Barcellona/A. Carrino (Hrsg.), I diritti umani tra politica filosofia e storia, Bd. 1, Neapel 2003, S. 93 ff.

25   Zum Beispiel der von Papst *Pius IX.* 1864 veröffentlichte „Syllabus Errorum", wonach die Meinungs- und Religionsfreiheit im Widerspruch zur katholischen Lehre stünden (Thesen Nr. 15, 78 und 79): *H.-G. Ziebertz,* Menschenrechte in der Diskussion, in: ders., Menschenrechte (Fn. 1), S. 7 (10). – Zusammenfassend nochmals *Isensee,* Freiheit (Fn. 24), S. 297 ff.; *P. Krämer,* Die Idee der Menschenrechte und Grundrechte in der katholischen Tradition, in: Landeskirchenvorstand der Evangelisch-reformierten Kirchen in Nordwestdeutschland (Hrsg.), Recht nach Gottes Wort – Menschenrechte und Grundrechte in Gesellschaft und Kirche, 1989, S. 50 (50 ff.); *Uertz,* Gottesrecht (Fn. 24), S. 106 ff., 236 ff., 363 ff.; *Bloch,* Stellungnahmen (Fn. 24), S. 79 ff.; vgl. auch *J. Gaudemet,* La condition des chrétiens dans la doctrine canonique des XVIIIe et XIXe siècles, in: Corecco / Herzog / Scola, Grundrechte (Fn. 1), S. 645 (646 ff.); *P. Steinfels,* The failed encounter: the Catholic church and liberalism in the nineteenth century, in: Douglass / Hollenbach, Catholicism (Fn. 16), S. 19 ff.

26   Klare Beschränkung auf dieses „Feindbild" bei *C. W. Howland,* The Challenge of Religious Fundamentalism to the Liberty and Equality Rights of Women: An Analysis of the United Nations Charter, in: Bucar / Barnett, Human Rights (Fn. 2), S. 156 (157 ff.); *E. Scott Appleby,* Religion, Violence, and the Right to Peace, in: Witte / Green, Religion (Fn. 2), S. 346 (349 ff.); vgl. speziell zum Phänomen des Fundamentalismus in der römisch-katholischen Kirche *S. Goertz / R. B. Hein / K. Klöcker,* Zur Genealogie und Kritik des katholischen Fundamentalismus: Eine Einführung, in: dies. (Hrsg.), Fluchtpunkt Fundamentalismus? Gegenwartsdiagnosen katholischer Moral, 2013, S. 11 ff.

27   Diesbezüglich unscharf etwa aus der deutschen Diskussion *U. Sacksofsky,* Religiöse Freiheit als Gefahr?, in: Veröffentlichungen der Vereinigung der Deutschen Staatsrechtslehrer 68 (2009), S. 7 (30 ff.); gleichsinnig *Hilgendorf,* Problemskizze (Fn. 23), S. 184 ff.; *ders.,* Zähmung (Fn. 11), S. 361 ff.; zu recht kritisch *C. Walter,* Religiöse Freiheit als Gefahr? Eine Gegenrede, in: Deutsches Verwaltungsblatt 2008, S. 1073 ff.; in der Stoßrichtung ähnlich wie dieser, wenn auch etwas selbstbezüglich *C. Nickels,* Christentum und Menschenrechte. Aktuelle Herausforderungen, in: M. Albus / T. Herkert (Hrsg.), Macht und Gewissen. Christentum und

Menschenrechte in Europa, 2008, S. 61 (61 ff.). – Programmatisch zuletzt *A. N. Guiora,* Freedom From Religion. Rights and National Security, Oxford / New York 2009, S. 29 ff.

28 Sorgen äußern diesbezüglich *C. Schirrmacher,* Rechtsvorstellungen im Islam – Grenzen und Reichweite des Rechtssystems „Scharia", dargestellt am Beispiel des Strafrecht sowie des Ehe- und Familienrechts, in: Dreier / Hilgendorf, Identität (Fn. 2), S. 339 (363 f.); *Howland,* Challenge (Fn. 26), S. 160 ff. u. passim; *Ceming,* Religionen (Fn. 9), S. 98 ff., 164 ff., 229 ff., 293 ff., 355 ff.; *Z. Mir-Hosseini,* Women in Search of Common Ground: Between Islamic and International Human Rights Law, in: Emon / Ellis / Glahn, Islamic Law (Fn. 8), S. 291 ff.; *W. Bock,* Der Islam in der Entscheidungspraxis der Familiengerichte, in: Neue Juristische Wochenschrift 2012, S. 122 (123). – Synthese bei *M. Sunder,* Keeping Faith: Reconciling Women's Human Rights and Religion, in: Witte / Green, Religion (Fn. 2), S. 281 ff. (dort auch w.N.); vgl. zuletzt noch die Beiträge in J. A. van der Ven / H. G. Ziebertz (Hrsg.), Tensions within and between Religious und Human Rights, Leiden / Boston 2012.

29 Speziell dazu (aus ganz unterschiedlichen Perspektiven) *L. C. Oliphant,* What Churches Can Expect from „Gay Rights" Laws: A Preview of Iowa's Sexual Orientation Bill, in: The Catholic Lawyer 33 (1990), S. 87 ff.; *R. J. Ahdar,* Religious Group Autonomy, Gay Ordination, and Human Rights Law, in: R. O'Dair / A. Lewis (Hrsg.), Law and Religion, Oxford / New York 2005, S. 275 ff.; *S. Hunt,* A Turn to the Rights: UK Conservative Christian Lobby Groups and the „Gay Debate", in: Religion and Human Rights 6 (2011), S. 291 ff.; *K.McK. Norrie,* Accomodating Religion to the Gay Equality Imperative in Family Law, in: J. Mair / E. Örücü (Hrsg.), The Place of Religion in Family Law: A Comparative Search, Cambridge / Antwerpen / Portland 2011, S. 303 ff.

30 So bereits *H. Maier,* Überlegungen zur Geschichte der Menschenrechte, in: P. Badura / R. Scholz (Hrsg.), Wege und Verfahren des Verfassungslebens. Festschrift für Peter Lerche, 1993, S. 43 (48), der betont, daß die Menschenrechte sowohl im Bund mit als auch gegen konkrete geschichtliche Ausprägungen des Christentums erkämpft worden sind; ähnlich *B. Tierney,* Religious Rights: An Historical Perspective, in: Witte / van der Vyver, Religious Perspectives (Fn. 1), S. 17 (17 u. passim) sowie *K. Gabriel,*

Religion als Stütze oder Gefährdung einer freien Gesellschaft?, in: Dreier / Hilgendorf, Identität (Fn. 2), S. 55 (60 ff.).

II. Christentum und Menschenrechte: Begriffliche Verständigungen

31   Die luzide methodische Warnung, sich nicht allein an der Selbstrepräsentation der Akteure zu orientieren, findet sich – bezogen auf die Hierarchen der orthodoxen Kirchen – bei *E. Karagiannis,* Die Kirche von Griechenland und die Herausforderung der offenen Zukunft, in: W. Dahmen / P. Himstedt-Vaid / G. Ressel (Hrsg.), Grenzüberschreitungen. Traditionen und Identitäten in Südosteuropa. Festschrift für Gabriella Schubert, 2008, S. 262 (265 f.).

32   Vorüberlegungen und -arbeiten hierzu bei *K. Hilpert,* Menschenrechte und Theologie. Forschungsbeiträge zur ethischen Dimension der Menschenrechte, 2001, S. 356 f.

33   Streckenweise anfechtbar in diesem Sinne *G. Braulik,* Das Deuteronomium und die Menschenrechte, in: Theologische Quartalschrift 166 (1986), S. 8 ff.; *S. van Megen,* Menschenrechte – Gottesrechte. Eine dynamische Entwicklung der Gerechtigkeit im Alten Testament, in: ders. / M. Graulich (Hrsg.), Menschen – Rechte. Theologische Perspektiven zum 60. Jahrestag der Proklamation der Allgemeinen Erklärung der Menschenrechte, 2008, S. 8 (11 ff.) sowie *A. Di Berardino,* Diritti Umani tra Scrittura e Padri della Chiesa, in: Iura Orientalia V (2009), S. 139 (143 f.), der etwa die Regeln zum respektvollen Umgang mit Fremden als Vorläufer der Menschenrechte einstuft; siehe ferner *G. T. Amos,* Unalienable Rights: The Biblical Heritage, in: Journal of Christian Jurisprudence 8 (1990), S. 9 (21 ff.), der in der Unveräußerlichkeit der Rechte auf *life, liberty, property* und *pursuit of happiness* die Herkunft dieser Rechte von Gott ausmacht.

34   So *J. Limburg,* Die Menschenrechte im Alten Testament, in: Concilium 15 (1979), S. 209 (209); ähnlich anfechtbar *J. Blank,* Gottes Recht will des Menschen Leben, ebda., S. 213 (213).

35   Dieser Schluß bei *S. Brichto,* Human Rights in the Hebrew Bible, in: Religion und Human Rights 1 (2006), S. 131 (132 f.); so auch *Wolterstorff,* Christianity (Fn. 2), S. 53.

36 Vgl. aus dem islamischen Kontext ähnlich überschießend
O. Arabi, The Interdiction of the Spendthrift (Al-Safīh): A Human
Rights Debate in Classical *Fiqh,* in: Islamic Law and Society 7
(2000), S. 300 (315 f.).

37 Der folgende Abschnitt muß natürlich einen hochkom-
plexen Diskurs stark verknappen. Vgl. zur Unterscheidung von
Grund- und Menschenrechten namentlich *Kriele,* Geschichte
(Fn. 3), S. 188 ff.; *H.-E. Tödt,* Menschenrechte – Grundrechte, in:
F. Böckle u.a. (Hrsg.), Christlicher Glaube in moderner Gesellschaft, Bd. 27, 1982, S. 5 (9 ff.); *Marauhn,* Grundrechte (Fn. 1),
S. 203 f.; *F. Hufen,* Staatsrecht II – Grundrechte, 3. Aufl. 2011,
§ 1 Rn. 6; *B. Pieroth/B. Schlink u.a.,* Grundrechte – Staatsrecht
II, 29. Aufl. 2013, Rn. 43 ff. sowie die Beiträge in dem Band von
J. Schwartländer (Hrsg.), Menschenrechte. Aspekte ihrer Begründung und Verwirklichung, 1978; jüngere Zusammenfassung
bei *F. Wittreck,* Grund- und Menschenrechte. Die Bedeutung
der Unterscheidung vor dem Hintergrund der Verbindung von
Normativität und Institutionalisierung, in: Philosophisches Jahrbuch 118 (2011), S. 328 (329 ff.).

38 Siehe statt aller *H. Krieger,* Funktionen von Grund- und
Menschenrechten, in: O. Dörr/R. Grote/T. Marauhn (Hrsg.),
EMRK/GG. Konkordanzkommentar zum europäischen und
deutschen Grundrechtsschutz, 2. Aufl. 2013, Kap. 6 Rn. 11. – Zum
Konzept von Menschenrechten der zweiten und dritten Genera-
tion nur *M. R. Ishay,* The History of Human Rights. From Ancient
Times to the Globalization Era, Berkeley u.a. 2004, S. 35 ff.; siehe
auch *P. G. Lauren,* The Evolution of International Human Rights.
Visions Seen, 3. Aufl. Philadelphia 2011, S. 64 ff.: Holzschnittartig
gefaßt soll die zweite Generation soziale, die dritte kollektive
Rechte (Entwicklung u.a.m.) schützen.

39 Zu dieser primären Abwehrfunktion (sog. *status nega-
tivus*) grundlegend *G. Jellinek,* System der subjektiven öffent-
lichen Rechte, 2. Aufl. 1919, S. 87 ff., 94 ff.; siehe auch *H. Dreier,*
Dimensionen der Grundrechte, 1993, S. 27 ff.; *ders.* (Fn. 2), Vorb.
Rn. 84 ff.; die negatorische Stoßrichtung läßt sich häufig bereits
dem Wortlaut der Grundrechte entnehmen, vgl. nur Art. 2 Abs. 2
S. 2, Art. 4 Abs. 1, Art. 10 Abs. 1, Art. 13 Abs. 1 GG („unverletzlich"),
Art. 4 Abs. 3 S. 1, Art. 12 Abs. 2 GG („niemand darf [...] gezwungen

werden"). Siehe ferner *J. Isensee*, Das Grundrecht als Abwehr-
recht, in: ders./P. Kirchhof (Hrsg.), Handbuch des Staatsrechts
der Bundesrepublik Deutschland, Bd. IX, 3. Aufl. 2011, § 191 Rn. 2;
Pieroth/Schlink u.a., Grundrechte (Fn. 37), Rn. 59; *H.D. Jarass*, in:
ders./B. Pieroth, Grundgesetz für die Bundesrepublik Deutschland, 12. Aufl. 2012, Vorb. vor Art. 1 Rn. 5; *Klein*, Bedeutung (Fn. 2),
S. 412 f.; zur Statuslehre *Jellinek*s zuletzt *W. Brugger*, Georg Jellineks
Statuslehre: national und international, in: Archiv des öffentlichen
Rechts 136 (2011), S. 1 ff.

40 Unterstrichen von *Dreier* (Fn. 2), Vorb. Rn. 66, der darauf
hinweist, daß dieser subjektiv-rechtliche Gehalt erst die Folge der
objektiv-rechtlichen Gewährleistung der Grundrechte ist; siehe
auch *dens.*, Subjektiv-rechtliche und objektiv-rechtliche Grund-
rechtsgehalte, in: Jura 1994, S. 505 (506); vgl. ferner *K. Stern*, Das
Staatsrecht der Bundesrepublik Deutschland, Bd. III/1, 1988,
S. 530 f.; *A. Scherzberg*, „Objektiver" Grundrechtsschutz und sub-
jektives Grundrecht, in: Deutsches Verwaltungsblatt 1989, S. 1128
(1133); *K. Hesse*, Grundzüge des Verfassungsrechts der Bundesrepublik Deutschland, 20. Aufl. 1995, Rn. 279; *M. Sachs*, in: ders.
(Hrsg.), Grundgesetz-Kommentar, 6. Aufl. 2011, Vor Art. 1 Rn. 39 ff.

41 Hier divergieren allerdings das US-amerikanische und
das französische Verständnis der frühesten Rechteerklärungen:
Während in Nordamerika die Grundrechte als unmittelbar an-
wendbare, justitiable Rechtsnormen galten und es zu einer Heraus-
bildung des Prinzips des Vorrangs der Verfassung vor dem ein-
fachen Recht einschließlich eines richterlichen Prüfungsrechts kam
(*Marbury vs. Madison*), wurden die Menschen- und Bürgerrechte
in Frankreich lediglich als Programmsätze, d.h. als Ansporn an den
Gesetzgeber verstanden, im Sinne der Grundrechte zu handeln:
W. Frotscher/B. Pieroth, Verfassungsgeschichte, 12. Aufl. 2013,
§ 3 Rn. 62; siehe ferner *E. Wolgast*, Geschichte der Grund- und
Menschenrechte, 2009, S. 60.

42 Näher zum stoischen Beitrag *Brunner*, Menschenbild I
(Fn. 7), S. 273; *G. Oestreich*, Geschichte der Menschenrechte und
Grundfreiheiten im Grundriß, 1968, S. 16 ff.; *W. Ernst*, Ursprung
und Entwicklung der Menschenrechte in Geschichte und Gegen-
wart, in: Gregorianum 65 (1984), S. 231 (232 ff.); *Dreier* (Fn. 2),
Vorb. Rn. 2; *W. Heun*, Einflüsse der Stoa auf die Entwicklung von

Menschenwürde und Menschenrechten bis zum Ende des 18. Jahrhunderts, in: R. Hirsch-Luipold/R. Feldmeier/H.-G. Nesselrath (Hrsg.), Armut – Arbeit – Menschenwürde. Die Euböische Rede des Dion von Prusa, 2012, S. 235 (245 ff.); etwas zurückhaltender in der (positiven) Einschätzung *T. Kammasch/S. Schwarz*, Art. Menschenrechte, in: M. Landfester (Hrsg.), Der Neue Pauly. Enzyklopädie der Antike. Rezeptions- und Wissenschaftsgeschichte, Bd. 15/1, 2001, Sp. 383 (386).

43   Als Beispiel wird hier namentlich die Magna Charta Libertatum von 1215 angeführt; dazu wie zu weiteren möglichen Vorläufern namentlich *B. Sutter,* Die Entwicklung der Grundrechte, 1982, S. 217 ff. u. passim; *U. Wesel,* Geschichte des Rechts. Von den Frühformen bis zum Vertrag von Maastricht, 1997, Rn. 272; J. Fried (Hrsg.), Die abendländische Freiheit vom 10. zum 14. Jahrhundert, 1991; *W. Schmale,* Archäologie der Grund- und Menschenrechte in der Frühen Neuzeit, 1997, S. 119 ff., 441 ff.; *Schellenberg,* Menschenwürde (Fn. 2), S. 1527 f.; *C. Starck,* Menschenrechte – aus den Büchern in die Verfassungen, in: Nolte/Schreiber, Mensch (Fn. 8), S. 9 (12 ff.).

44   Hier ist mittlerweile eine eigenständige Forschungsrichtung entstanden: Prominent *B. Tierney,* The Idea of Natural Rights, Grand Rapids/Cambridge 1997; *ders.,* Natural law and natural rights, in: Witte/Alexander, Christianity and Law (Fn. 2), S. 89 ff.; vgl. ferner *Landau,* Reflexionen (Fn. 2), S. 520 ff.; *A. S. Brett,* Liberty, right and nature. Individual rights in later scholastic thought, Cambridge/New York 1997, S. 123 ff.; V. Mäkinen/P. Korkman (Hrsg.), Transformations in Medieval and Early-Modern Rights Discourse, Dordrecht 2006; *R. H. Helmholz,* Human rights in the canon law, in: Witte/Alexander, Christianity and Human Rights (Fn. 2), S. 99 ff. sowie *N. Wolterstorff,* Justice. Rights and Wrongs, Princeton/Oxford 2008, S. 53 ff.

45   Zur Entwicklung *J. Bohatec,* Die Vorgeschichte der Menschen- und Bürgerrechte in der englischen Publizistik der ersten Hälfte des 17. Jahrhunderts (1956), in: R. Schnur (Hrsg.), Zur Geschichte der Erklärung der Menschenrechte, 1964, S. 267 (270 ff.); *J. Punt,* Die Idee der Menschenrechte. Ihre geschichtliche Entwicklung und ihre Rezeption durch die moderne katholische Sozialverkündigung, 1987, S. 17 ff.; *Wesel,* Geschichte (Fn. 43),

Rn. 249, 267, 272; *Hilpert*, Menschenrechte (Fn. 31), S. 59 ff.; *Stern* (Fn. 6), § 1 Rn. 14 ff.; *A. Neschke-Hentschke*, Menschenrechte – Menschenrechtsdoktrin – Natürliche Gerechtigkeit, in: K. M. Girardet / U. Nortmann (Hrsg.), Menschenrechte und europäische Identität. Die antiken Grundlagen, 2005, S. 124 ff.; *J. Mahoney*, The Challenge of Human Rights. Origin, Development, and Significance, Malden / Oxford / Carlton 2007, S. 1 ff.; zuletzt *D. Merten*, Die Landrechts-Freiheiten als Schritt auf dem Weg in den grundrechtsgeprägten Staat, in: D. Heckmann / R. P. Schenke / G. Sydow (Hrsg.), Verfassungsstaat im Wandel. Festschrift für Thomas Würtenberger, 2013, S. 757 (759 ff.).

46 Zu Genese, Inhalt und Einfluß: *G. Jellinek*, Die Erklärung der Menschen- und Bürgerrechte. Ein Beitrag zur modernen Verfassungsgeschichte, 3. Aufl. 1919, S. 1 ff.; *J. Hashagen*, Zur Entstehungsgeschichte der nordamerikanischen Erklärungen der Menschenrechte, in: Schnur, Erklärung (Fn. 45), S. 129 ff.; *O. Vossler*, Studien zur Erklärung der Menschenrechte, ebda., S. 166 ff.; *G. Stourzh*, Die Konstitutionalisierung der Individualrechte, in: Juristenzeitung 1976, S. 397 (398 ff.); *K. Grimmer*, Demokratie und Grundrechte, 1980, S. 26 ff.; *Stern* (Fn. 6), § 1 Rn. 25; *J. Hilker*, Grundrechte im deutschen Frühkonstitutionalismus, 2005, S. 53 ff.

47 Über sie orientiert die mittlerweile klassische Studie von *S.-J. Samwer*, Die französische Erklärung der Menschen- und Bürgerrechte von 1789/91, 1970; vgl. ferner *Jellinek*, Erklärung (Fn. 46); *J. Godechot*, L'histoire constitutionelle de la France de 1789 à nos jours, in: Jahrbuch des Öffentlichen Rechts der Gegenwart 38 (1989), S. 45 ff.; *H. Hofmann*, Die Grundrechte 1789 – 1949 – 1989, in: Neue Juristische Wochenschrift 1989, S. 3177 (3179 ff.); *Wolgast*, Geschichte (Fn. 41), S. 53 ff.

48 Vgl. oben bei und in Fn. 24.

49 Man denke an den Brief des Apostels Paulus an die Galater: „Gewiß, zur Freiheit seid ihr berufen, Brüder!“ (Galater 5, 13); dazu aus der theologischen Literatur *W. Radl*, Galaterbrief. Stuttgarter Kleiner Kommentar, 1985, S. 80 f. sowie *W. Egger*, Galaterbrief, 4. Aufl. 2000, S. 37; näher unten III.2.a.

50 Erneut der Brief des Apostels Paulus an die Galater: „Da gibt es nicht mehr Juden und Heiden, Sklaven und Freie, Mann und Weib. Denn alle bildet ihr eine Einheit in Christus Jesus.“ (Galater

3, 28 f.). Dazu im ersten Zugriff *Radl*, Galaterbrief (Fn. 49), S. 61 f.; *Egger*, Galaterbrief (Fn. 49), S. 28 f.; näher wiederum unten III.2.a.

51   Diese leitet sich hauptsächlich aus der Gottesebenbildlichkeit des Menschen ab: „Und Gott schuf den Menschen nach seinem Bilde, nach dem Bilde Gottes schuf er ihn, als Mann und Frau schuf er sie." (Genesis 1, 27). – Näher *H. Seebass,* Genesis I, 1996, S. 83; *C. Westermann,* in: S. Hermann / H. W. Wolff (Hrsg.), Biblischer Kommentar Altes Testament, 2. Aufl. 1976, S. 123; möglichen Implikationen für eine Menschenrechtslehre gehen *Shupack,* Churches (Fn. 16), S. 149 ff.; *R. Ruston,* Human Rights and the Image of God, London 2004, S. 269 ff. sowie *J. Waldron,* The image of God: rights, reason, and order, in: Witte / Alexander, Christianity and Human Rights (Fn. 2), S. 216 ff. nach. – Vgl. wiederum unten III.2.a.

52   So aber beispielsweise *Wolterstorff,* Christianity (Fn. 2), S. 51, der das Verdikt einzelner Kirchenväter, die Reichen enthielten den Armen etwas vor, was diesen gehöre, umstandslos als Rechtsanspruch deutet; bestenfalls diffus *J. A. McGuckin,* The issue of human rights in Byzantium and the Orthodox Christian tradition, in: Witte / Alexander, Christianity and Human Rights (Fn. 2), S. 173 (180 ff.), der ethische Maximen allgemeinster Natur zu Menschenrechten hochzont; durchweg überoptimistisch auch *Putz,* Christentum (Fn. 2), S. 19 ff.; vermittelnd *N. Sparer,* Die Ideengeschichte der Menschenrechte, in: F. Matscher / P. Pernthaler / A. Raffeiner (Hrsg.), Ein Leben für Recht und Gerechtigkeit. Festschrift für Hans Klecatsky, 2010, S. 733 (735), demzufolge bereits Christus „die Gleichheit alles dessen, was Menschenantlitz trägt", verkündet habe, der aber – realistisch – fortfährt, die Theologie haben diesen Ansatz nicht weiterverfolgt.

53   Unterstrichen wird diese zentrale Bedeutung der Wendung gegen den Staat (oder einen Hoheitsträger) von *H. Dreier,* in: ders., GGK I (Fn. 2), Art. 1 I Rn. 128 ff.; wie er *W. Bock,* „Nicht mit Schwert oder Feuer, sondern nur mit Geduld und Gebet" – Zur religiösen Vorgeschichte des Grundrechts der Gewissensfreiheit, in: Schweizerisches Jahrbuch für Kirchenrecht 12 (2007), S. 73 (74); *C. Starck,* in: H. v. Mangoldt / F. Klein / ders. (Hrsg.), Kommentar zum Grundgesetz, Bd. I, 6. Aufl. 2010, Art. 1 Rn. 37; *P. Kunig,* in: I. v. Münch / ders. (Hrsg.), Grundgesetz-Kommentar, Bd. I, 6. Aufl. 2012, Art. 1 Rn. 19.

54 Oberlandesgericht Hamm, Urteil v. 18.3.2009, Az. 11 U 88/08, in: Strafverteidiger 2009, S. 262; siehe auch Bundesverfassungsgericht (3. Kammer des Zweiten Senats), Beschluß v. 27.2.2002, Az. 2 BvR 553/01, in: Neue Juristische Wochenschrift 2002, S. 2699; vgl. dazu (kritisch) *J. Kretschmer,* Die menschen(un)würdige Unterbringung von Strafgefangenen, in: Neue Juristische Wochenschrift 2009, S. 2406 (2410 f.).

55 Wie hier *K. P. Fritzsche,* Menschenrechte. Eine Einführung mit Dokumenten, 2. Aufl. 2009, S. 17; *C. Vedder,* Die UN-Menschenrechtspakte und ihre Verfahren, in: D. Merten / H.-J. Papier (Hrsg.), Handbuch der Grundrechte in Deutschland und Europa, Bd. VI/2, 2009, § 174 Rn. 2; *S. Kirste,* Die naturrechtliche Idee überstaatlicher Menschenrechte, in: J. Isensee / P. Kirchhof (Hrsg.), Handbuch des Staatsrechts der Bundesrepublik Deutschland, 3. Aufl., Bd. X, 2012, § 204 Rn. 1, 3, 11.

III. Christentum und Menschenrechte: Genese

56 Vgl. nochmals oben Fn. 16 ff.

57 *H. Maier,* Die Kirche und die Menschenrechte – eine Leidensgeschichte? in: Internationale Katholische Zeitschrift „Communio" 10 (1981), S. 501 ff.

58 Vgl. dazu unten IV.2.

59 Statt aller *J. Ratzinger,* Freiheit und Bindung in der Kirche, in: Corecco / Herzog / Scola, Grundrechte (Fn. 1), S. 37 (46 ff.) bzw. *C. Wackenheim,* Die theologische Bedeutung der Menschenrechte, in: Concilium 15 (1979), S. 224 (226; beide für die katholische Seite) sowie die zusammenfassenden (protestantischen) Beobachtungen von *J. Lockwood O'Donovan,* Natural Law and the Perfect Community: Contributions of Christian Platonism to Political Theory, in: Modern Theology 14 (1998), S. 19 (20: „The modern liberal concept of rights belongs to the socially atomistic and disintegrative philosophy of ‚possessive individualism.'") resp. *M. Honecker,* Evangelisches Kirchenrecht, 2009, S. 179: „Ausdruck einer selbstmächtigen neuzeitlichen Vernunft und eines Gemeinschaft gefährdenden Individualismus". – Vgl. zu diesem Individualismusvorwurf aus der Literatur noch: *E. Brunner,* Das

Menschenbild und die Menschenrechte II, in: Universitas II (1947),
S. 385 (386 f.); *Uertz,* Gottesrecht (Fn. 24), S. 201 f.; instruktiv
auch *M. J. Inacker,* Zwischen Transzendenz, Totalitarismus und
Demokratie. Die Entwicklung des kirchlichen Demokratiever-
ständnisses von der Weimarer Republik bis zu den Anfängen
der Bundesrepublik (1918–1959), 1994, S. 266 ff. – Daß die genuin
kirchlichen Menschenrechtskataloge bis heute Pflichten und Bin-
dungen einen größeren Stellenwert einräumen als die klassischen
liberalen Dokumente, unterstreicht und belegt *Shupack,* Churches
(Fn. 16), S. 135 ff.

   60   Klassisch *L. Strauß,* Naturrecht und Geschichte, 1953,
S. 188 ff. sowie *Brunner,* Menschenbild I (Fn. 7), S. 274. Näher *Punt,*
Menschenrechte (Fn. 45), S. 48 ff., 94 ff.; *H. Bielefeldt,* Neuzeitliches
Freiheitsrecht und politische Gerechtigkeit, 1990, S. 34 ff.; *W. Ker-
sting,* Die politische Philosophie des Gesellschaftsvertrags, 2005,
S. 19 ff.; *Landau,* Reflexionen (Fn. 2), S. 520 m. Fn. 11; *Stern* (Fn. 6),
§ 1 Rn. 9 ff.; *H. Hofmann,* Einführung in die Rechts- und Staats-
philosophie, 5. Aufl. 2011, S. 123 ff.

   61   Man denke hier u. a. an die Regime von *Ngo Dinh Diem*
(vgl. dazu *N. Q. Hung,* Katholizismus in Vietnam von 1954 bis
1975, 2003, S. 217 ff. und jetzt *J. M. Chapman,* Religion, Power,
and Legitimacy in Ngo Dinh Diem's Republic of Vietnam, in:
P. E. Muehlenbeck [Hrsg.], Religion and the Cold War. A Global
Perspective, Nashville 2012, S. 206 [217 f.]) sowie *Somoza* (dazu
L. Weckel, Nicaragua, in: J. Meier / V. Straßner [Hrsg.], Lateinamerika und Karibik. Kirche und Katholizismus seit 1945, Bd. 6, 2009,
S. 167 [168: „Kirche und Somoza-Diktatur: Hand in Hand"]). – Den
quasi-offiziellen „Segen" zumindest von Teilen der örtlichen Kirche
für die von den argentinischen Junta betriebene Politik des „Ver-
schwindenlassens" Oppositioneller schildert bis in grausige Details
hinein *H. Verbitsky,* Confessions of an Argentine Dirty Warrior,
2. Aufl. New York / London 2005, S. 30, 143 ff.

   62   Zusammenfassende Darstellungen: *W. Beinert,* Art. Katholizismus, in: H. D. Betz u. a. (Hrsg.), Religion in Geschichte
und Gegenwart, 4. Aufl., Bd. 4, 2001, Sp. 887 ff.; *Uertz,* Gottesrecht
(Fn. 24), S. 31 f.; vgl. auch die Beiträge in: R. Faber (Hrsg.), Katholizismus in Geschichte und Gegenwart, 2005; mit Blick auf das
Verhältnis zum Verfassungsstaat: *Waldhoff,* Katholizismus (Fn. 1),

S. 43 ff. – Dokumente: Bundesverband der katholischen Arbeit-nehmerbewegung Deutschlands (Hrsg.), Texte zur Katholischen Soziallehre. Die sozialen Rundschreiben der Päpste und andere kirchliche Dokumente mit Einführungen von *O. v. Nell-Breuning* SJ. und *J. Schasching* SJ., 1992 sowie J. Witte / F. S. Alexander (Hrsg.), The Teachings of Modern Roman Catholicism on Law, Politics, & Human Nature, New York / Chichester 2007.

63   *B. de Las Casas,* Tratado sobre los indios que se han hecho esclavos / Traktat über die Indiosklaverei (1552), deutsch in: M. Delgado (Hrsg.), Las Casas, Werksauswahl, Bd. III/1, 1996, S. 67 (82); vgl. dazu (affirmativ im Sinne einer Zuordnung *Las Casas'* zur Menschenrechtstradition) *M. Sievernich,* Einleitung. Las Casas und die Sklavenfrage, ebd., S. 61 ff.; *D. Deckers,* Gerechtigkeit und Recht. Eine historisch-kritische Untersuchung der Gerechtigkeits-lehre des Francisco de Vitoria (1483–1546), 1991, S. 147 ff.; *Ruston,* Image (Fn. 51), S. 119 ff.; *M. Delgado,* Die Rechte der Völker und der Menschen nach Bartholomé de Las Casas, in: Kaufmann / Schnepf, Metaphysik (Fn. 2), S. 177 (199) kritisch allerdings *Hilpert,* Gottes Gebote (Fn. 1), S. 50 f. mit dem nicht unberechtigten Hinweis, daß der Begriff der Menschenrechte zu dieser Zeit erst vereinzelt auftaucht, ohne daß ihm ein zentraler Stellenwert zugeschrieben wurde, sowie *Dreier* (Fn. 2), Vorb. Rn. 3; vgl. zuletzt L. A. *Clayton,* Bartholomé de Las Casas. A Biography, Cambridge u.a. 2012, S. 27 ff., 229 ff. – Zu weiteren Beiträgen aus der iberischen Spätscholastik siehe *J. M. de Torre,* The Roots of International Law and the Tea-chings of Francisco de Vitoria as a Foundation for Transcendent Human Rights and Global Peace, in: Ave Maria Law Review 2 (2004), S. 123 ff.; *Ruston,* Image, ebda., S. 99 ff.; *K. Seelmann,* Selbst-herrschaft, Herrschaft über die Dinge und individuelle Rechte in der spanischen Spätscholastik, in: Kaufmann / Schnepf, Metaphysik (Fn. 2), S. 43 ff. sowie *J. Doyle,* Suárez on Human Rights, in: ders., Collected Studies on Francisco Suárez, S. J. (1548–1617), Löwen 2010, S. 333 ff.

64   Instruktiv zu einzelnen Geistlichen, die in den franzö-sischen Kolonien beispielsweise Rechte für Sklaven einfordern, *S. Peabody,* „A Dangerous Zeal": Catholic Missions to Slaves in the French Antilles, 1635–1800, in: French Historical Studies 25 (2002), S. 53 (89 f.) sowie *Rey,* Catholicism (Fn. 21), S. 233 f.

Anmerkungen

65 Plastisch *Punt,* Menschenrechte (Fn. 45), S. 47: „so wird klar, daß die scholastische Anthropologie dafür [die Menschenrechte, F. W.] eine zwar notwendige, aber nicht ausreichende Grundlage bildete." – Vgl. noch *dens.,* ebda., S. 41 ff. – Gegenauffassung bei *K. Forster,* Die Menschenrechte – aus katholischer Sicht, in: Communio 10 (1979), S. 517 (517), der schon bei *Thomas v. Aquin* zumindest ein Nebeneinander von Individualrechten und „Sollensordnung" ausmacht (näher zum Aquinaten unten bei und in Fn. 176).

66 Vgl. nochmals *Isensee,* Kritik (Fn. 24), S. 138 ff. sowie *Punt,* Menschenrechte (Fn. 45), S. 150 ff., 175 ff.; zum Kontext *W. Dantine / E. Hultsch,* Lehre und Dogmenentwicklung im Römischen Katholizismus, in: C. Andresen (Hrsg.), Handbuch der Dogmen- und Theologiegeschichte, Bd. 3: Die Lehrentwicklung im Rahmen der Ökumenizität, 1988, S. 289 (309 ff.).

67 Dazu im ersten Zugriff E. *Tálos / W. Neugebauer* (Hrsg.), Austrofaschismus. Politik, Ökonomie, Kultur. 1933–1938, 5. Aufl. 2005; speziell zur kirchlichen Unterstützung *H. Wolf,* Der Kampf in den Kulturen. Katholizismus und Islamismen vor den Herausforderungen der Moderne, in: Historisches Jahrbuch 127 (2007), S. 521 (541 f.).

68 Dazu *P. Broué / É. Témine,* Revolution und Krieg in Spanien. Geschichte des spanischen Bürgerkrieges (1961), dt. 1975, S. 550 ff., 573 ff.; *H. Thomas,* The Spanish Civil War, 4. Aufl. New York 1989, 248 ff., 495 ff.; *C. C. Seidel,* Spaniens tiefgreifender religiöser Identitätswandel, in: W. L. Bernecker (Hrsg.), Spanien heute, 2008, S. 301 (301); differenzierend *ders.,* Geschichte Spaniens im 20. Jahrhundert, 2010, S. 245.

69 Zur Situation in Haiti nochmals *Rey,* Catholicism (Fn. 21), S. 238 ff.; für die Philippinen *M. Goretti / D. Sale,* Die Kirche und der Kampf um die Menschenrechte auf den Philippinen, in: Concilium 15 (1979), S. 248 ff.; für Südamerika vgl. nur *C. Cook Dipboye,* The Roman Catholic Church and the Political Struggle for Human Rights in Latin America, 1968–1980, in: Journal of Church and State 24 (1982), S. 497 ff. sowie die Beiträge in Meier / Straßner, Lateinamerika (Fn. 61); namentlich *J. Meier / V. Straßner,* Entwicklungslinien im 20. Jahrhundert. Eine Einführung, S. 1 (15 ff.); *J. Meier,* El Salvador, ebda., S. 133 (134 ff.); *V. Straßner,* Chile, ebda., S. 385

(396 ff.) sowie *F. Mallimaci/V. Giménez Béliveau,* Argentinien, ebda., S. 409 (424 ff.) – alle m.w.N.

70 Instruktiv *G. Ermecke,* Rechtsethische Zielsetzungen in kirchlichen Dokumenten und in der katholischen Sozialwissenschaft der Nachkriegszeit, in: A. Rauscher (Hrsg.), Katholizismus, Rechtsethik und Demokratiediskussion 1945–1963, 1981, S. 65 (68); *H. Schambeck,* Die Demokratie in der Lehre der Kirche, in: G. Winkler/R. Weiler/A. Scheuermann (Hrsg.), Convivium utriusque iuris, Festschrift für A. Dordett, 1976, S. 27 (31 ff.); *Spieker,* Christen (Fn. 2), S. 129; *Uertz,* Gottesrecht (Fn. 24), S. 367 f.; *J. B. Hehir,* The modern Catholic Church and human rights: the impact of the Second Vatican Council, in: Witte/Alexander, Christianity and Human Rights (Fn. 2), S. 113 (116 ff.); vgl. auch *C. Fantappiè,* Chiesa Romana e modernità giuridica, Bd. I, Mailand 2008, S. 209 ff.

71 Namentlich die Beteiligung des prominenten katholischen Philosophen *Jacques Maritain* an der Formulierung der Allgemeinen Erklärung der Menschenrechte (1948) wird hier als wichtiges Signal gewertet: *A. Scola,* La fondazione dei „diritti dell'uomo" in Jacques Maritain, in: Corecco/Herzog/Scola, Grundrechte (Fn. 1), S. 889 (905 ff.); *A. Woodcock,* Jacques Maritain, Natural Law and the Universal Declaration of Human Rights, in: Journal of the History of International Law 8 (2006), S. 245 (248 ff.). – Vgl. zum Umschwung der kirchlichen Lehre noch *A. Verdross,* Die Entstehung der christlichen Völkerrechtslehre und ihre Entfaltung durch die Päpste sowie durch das Zweite Vatikanische Konzil, in: T. Tomandl (Hrsg), Der Einfluss des katholischen Denkens auf das positive Recht, 1970, S. 9 (30 f.); *K. Breitsching,* Menschenrechte, Grundrechte und kirchliche Rechtsordnung, in: ders./W. Rees (Hrsg.), Tradition – Wegweisung in die Zukunft. Festschrift für Johannes Mühlsteiger, 2001, S. 120 (121 ff.); *A. Saberschinsky,* Die Begründung universeller Menschenrechte. Zum Ansatz der katholischen Soziallehre, 2002, S. 285 ff.; *R. J. Araujo,* The Catholic Neo-Scholastic Contribution to Human Rights: The Natural Law Foundation, in: Ave Maria Law Review 1 (2003), S. 159 (160 f.); *Schambeck* (Fn. 1), § 8 Rn. 42 f.; *Ruston,* Image (Fn. 51), S. 18 ff.

72 *Leo XIII.* Enzyklika „Rerum novarum", 1891 (Hünermann, Kompendium [Fn. 16], Rn. 3265). Dazu eingehend *E. L. Fortin,*

„Sacred and inviolable": Rerum Novarum and natural rights, in: Theological Studies 53 (1992), S. 203 (204 ff.) sowie *Saberschinsky, Begründung* (Fn. 71), S. 33 ff. Instruktiv ferner *K. Petersen,* „Ich höre den Ruf nach Freiheit". Wilhelm Emmanuel von Ketteler und die Freiheitsforderungen seiner Zeit, 2005, S. 195 ff., 239 ff., 300 ff.

73 Vgl. unten III.3.d.

74 Erwähnung verdient hier namentlich der Widerstandskämpfer *Georg Angermaier,* der 1941 in einem Entwurf für den Novemberhirtenbrief der deutschen Bischöfe zu den „von Gott in seine Schöpfungsordnung gelegten unverrückbaren Gesetze[n]" auch Eigentum, persönliche Freiheit und das Recht auf den gesetzlichen Richter zählt (Text zugänglich in: *A. Leugers,* Georg Angermaier [1913–1945]. Ein Europäer aus Würzburg im Widerstand gegen die NS-Diktatur, 2010, S. 31 f. [Zitat S. 31]). Eine ähnliche Ausdifferenzierung nimmt er in seinem „Neuordnungsplan II" (November 1942) für den Kreisauer Kreis vor; siehe *A. Leugers,* Georg Angermaier 1913–1945, 2. Aufl. 1997, S. 388 ff. (bes. S. 389, 404, 410); zum Kontext *dies.,* ebda., S. 104 ff., 108 ff.

75 Abgedruckt in: Bundesverband, Texte (Fn. 62), S. 241 ff.; zentrale Passage: „9. Jedem menschlichen Zusammenleben, das gut geordnet und fruchtbar sein soll, muß das Prinzip zugrundeliegen, daß jeder Mensch seinem Wesen nach Person ist. Er hat eine Natur, die mit Vernunft und Willensfreiheit ausgestattet ist; er hat daher aus sich Rechte und Pflichten, die unmittelbar und gleichzeitig aus seiner Natur hervorgehen. Wie sie allgemein gültig und unverletzlich sind, können sie auch in keiner Weise veräußert werden" (S. 243); vgl. dazu knapp *Schambeck* (Fn. 1), § 8 Rn. 29 ff. sowie zuletzt *P. Schallenberg / A. Küppers,* Zeichen der Zeit. 50 Jahre Pacem in Terris – Kontinuität und Wandel der katholischen Soziallehre, 2013.

76 Quelle: K. Rahner / H. Vorgrimler (Hrsg.), Kleines Konzilskompendium. Sämtliche Texte des zweiten Vatikanums, 11. Aufl. 1976, S. 661 (662 f.); speziell dazu zeitgenössisch (und durchaus kritisch) *A. F. Carillo de Albornoz,* Roman Catholicism and Religious Liberty, in: Journal of Church and State 6 (1964), S. 190 (200 f.: Forderung nach einer solchen offiziellen Anerkennung) sowie *J. P. Kleinz,* Vatican II On Religious Freedom, in: The Catholic Lawyer 13 (1967), S. 180 ff.; siehe ferner *P. G. Caron,* La libertà religiosa nella „Declaratio dignitatis humanae", in: Co-

recco / Herzog / Scola, Grundrechte (Fn. 1), S. 1065 ff.; *W. Kasper,*
Wahrheit und Freiheit. Die „Erklärung über die Religionsfreiheit"
des II. Vatikanischen Konzils, 1988, insb. S. 26 ff.; aus staatsrecht-
licher Perspektive *S. Huster,* Die ethische Neutralität des Staa-
tes, 2002, S. 57 f., vgl. auch den jüngst erschienen Sammelband
K. Gabriel / C. Spieß / K. Winkler (Hrsg.), Die Anerkennung der
Religionsfreiheit auf dem Zweiten Vatikanischen Konzil. Texte zur
Interpretation eines Lernprozesses, 2013 (mit überwiegend älteren
Beiträgen).

77   In der Einschätzung wie hier *G. Weigel,* Der Papst der
Freiheit. Johannes Paul II. Seine letzten Jahre und sein Vermächt-
nis, 2011, S. 83 u. passim; vgl. ferner *J. M. Zumaquero,* Los derechos
humanos en la enseñanza de Juan Pablo II, in: Corecco / Herzog /
Scola, Grundrechte (Fn. 1), S. 923 ff.; *O. Höffe u.a.,* Johannes Paul II.
und die Menschenrechte: ein Jahr Pontifikat, 1981; *T. Herr,* Jo-
hannes Paul II. und die Menschenrechte – Neue Wege der katholischen Soziallehre?, in: Kirche und Gesellschaft 90 (1982), S. 3 (4);
R. S. Myers, Pope John Paul II, Freedom, and Constitutional Law,
in: Ave Maria Law Review 6 (2007–2008), S. 61 (78 ff.) sowie *Regan,*
Theology (Fn. 7), S. 38 ff.; vgl. auch die Beiträge in: Symposium on
Pope John Paul II and the Law, in: Notre Dame Journal of Law,
Ethics and Public Policy 21 (2007), S. 1 ff., insb. *R. R. Martino,* John
Paul II and the International Order: Human Rights and the Nature
of the Human Person, ebda., S. 51 ff.

78   Zusammenfassende Darstellungen: *Huber,* Menschenwürde / Menschenrechte (Fn. 2), S. 577 ff.; *D. Pirson,* Grundrechte
in Recht und Tradition der reformatorischen Kirchen, in: Corecco /
Herzog / Scola, Grundrechte (Fn. 1), S. 683 ff.; *K. Blaschke,* Die Bedeutung der Reformationstheologie für die Ausbildung der Men-
schen- und Freiheitsrechte, in: P. Blickle / A. Lindt / A. Schindler
(Hrsg.), Zwingli in Europa, 1985, S. 237 ff.; *Spieker,* Christen (Fn. 2),
S. 131 ff.; *I. Meenken,* Reformation und Demokratie. Zum politischen Gehalt protestantischer Theologie in England 1570–1660,
1996, S. 61 ff.; *Robbers* (Fn. 2), § 9 Rn. 14 ff.; *M. de Blois,* Freedom
of Religion as the Fruit of the Radical Reformation, in: O'Dair /
Lewis, Law and Religion (Fn. 29), S. 163 ff.; *Honecker,* Kirchenrecht
(Fn. 59), S. 179; *Wolterstorff,* Protestant developments (Fn. 16),
S. 157 ff. – Für die anglikanische Kirche *J. Rivers,* The Church in

an Age of Human Rights, in: International Journal for the Study of the Christian Church 7 (2007), S. 3 (8 ff.). – Dokumente: M. Jacobs (Hrsg.), Die evangelische Staatslehre, 1971; J. Witte / F. S. Alexander (Hrsg.), The Teachings of Modern Protestantism on Law, Politics, & Human Nature, New York / Chichester 2007; vgl. ferner oben in Fn. 16.

79   Zugänglich in: *M. Luther,* Von der Freiheit eines Christenmenschen (1520), zusammen mit den Schriften „Von der weltlichen Obrigkeit" (1523) und „Sermon von den guten Werken" (1519), 3. Aufl. 2004, S. 7 ff. – Vgl. zu *Luthers* Staatslehre allgemein und seinem Verständnis von Freiheit im besonderen *M. Honecker,* Das reformatorische Freiheitsverständnis und das neuzeitliche Verständnis der „Würde des Menschen", in: Schwartländer, Freiheitsethos (Fn. 1), S. 266 (269 ff.); *M. Diesselhorst,* Zur Zwei-Reiche-Lehre Martin Luthers, in: G. Dilcher / I. Staff (Hrsg.), Christentum und modernes Recht. Beiträge zum Problem der Säkularisierung, 1984, S. 129 (172 ff.); *A. Lobenstein-Reichmann,* Freiheit bei Martin Luther: lexikographische Textanalyse als Methode historischer Semantik, 1998, S. 550 ff.; *J. Witte,* Law and Protestantism. The Legal Teaching of the Lutheran Reformation, Cambridge u.a. 2002, S. 87 ff.; *ders.,* Freedom of a Christian: Human Dignity, Liberty, and Equality in the Theology of Martin Luther, in: ders., God's Joust, God's Justice. Law and Religion in the Western Tradition, Grand Rapids / Cambridge 2006, S. 49 (50 ff.); *T. Hösl,* Das Verhältnis von Freiheit und Rationalität bei Martin Luther und Gottfried Wilhelm Leibniz, 2003, S. 103 ff.; *H. J. Berman,* Law and Revolution II. The Impact of the Protestant Reformations on the Western Legal Tradition, Cambridge [Mass.] / London 2003, S. 71 ff.

80   Näher *Lobenstein-Reichmann,* Freiheit (Fn. 79), S. 327 ff.; *W. Müller,* Freiheit und Leibeigenschaft. Soziale Ziele des deutschen Bauernkriegs?, in: Historische Zeitschrift. Beihefte 4 (1975), S. 264 (268 f.); *P. Baumgart,* Formen der Volksfrömmigkeit: Krise der alten Kirche und reformatorische Bewegung. Zur Ursachenproblematik des „Bauernkrieges", ebda., S. 186 (202). – Dem gleichen Irrtum wie die Bauern unterliegt offenbar die *Nordamerikanische theologische Kommission der WARC,* Die Theologie der Menschenrechte und die Theologie der Befreiung, in: J. M. Lochman / J. Moltmann (Hrsg.), Gottes Recht und Menschenrechte. Studien und

Empfehlungen des Reformierten Weltbundes, 1977, S. 37 ff.; kritisch *Pirson,* Tradition (Fn. 78), S. 684.

81 Statt aller im kompakten Zugriff *P. Blickle,* Der Bauernkrieg, 4. Aufl. 2012.

82 Nahe kommen ihnen allerdings einige dezidiert kritische Stellungnahmen im Rahmen der Revolution von 1848/49: *G. Hütter,* Die Beurteilung der Menschenrechte bei Richard Rothe und Friedrich Julius Stahl, 1976, S. 14 ff.

83 Kernsatz: *A. Nygren,* Eros und Agape: Gestaltwandlungen der christl. Liebe (1930), 2. (deutsche) Aufl. 1955, S. 70: „Jülicher hat nicht gesehen, daß das Fehlen solcher Proportionalität in diesem Gleichnis [scil. von den Arbeitern im Weinberg, Mt 20, 1, F. W.] seinen Grund darin hat, daß es gerade das Rechtsprinzip in der Gottesgemeinschaft ganz und gar aus dem Wege räumen soll." Vgl. dazu nur *W. Schüßler,* Eros und Agape: ein Beitrag zum Verhältnis von Philosophie und Theologie am Beispiel von Anders Nygren und Paul Tillich, in: Trierer theologische Zeitschrift 112 (2004), S. 165 ff. sowie *Wolterstorff,* Protestant developments (Fn. 16), S. 157 ff. (dort auch zu weiteren grundrechtsaversen Stimmen). – Das alleinige Abstellen auf die „unmotivierte Liebe" Gottes schließt zwar mit dem Pochen auf das Recht auch die Berufung auf subjektive Rechte aus, ist allerdings mit den expliziten Verurteilungen der Menschenrechtsidee durch katholische Hierarchen nur bedingt vergleichbar. *Nygren* bekämpft nicht eine (weltliche) Idee, die er als feindlich oder gefährlich wahrnimmt, sondern ist auf der Suche nach dem Proprium der christlichen Botschaft (und steht zugleich in einer langen protestantischen Tradition, die mit dem [Kirchen-]Recht hadert).

84 Prägnant *Blaschke,* Reformationstheologie (Fn. 78), S. 252: „Die evangelischen Großkirchen haben von sich aus nichts für die Ausbildung der Menschenrechte getan." Gleichsinnig ferner *T. Rendtorff,* Menschenrechte als Bürgerrechte. Protestantische Aspekte ihrer Begründung, in: Böckenförde/Spaemann, Menschenrechte (Fn. 1), S. 93 (104 ff.); *ders.,* Menschenrechte – ein Grundlement weltlicher Ordnung im Kontext des christlichen Glaubens, in: E. Lorenz (Hrsg.), „… erkämpft das Menschenrecht" – Wie christlich sind die Menschenrechte?, 1981, S. 80 (86); *Heckel,* Menschenrechte (Fn. 16), S. 1130 ff.; *A. Dörfler-Dierken,* Luthertum und Demokratie, 2001, S. 335 ff.

85 So der französische Protestant *P. Conord,* Der totale Staat und die christliche Freiheit, in: Forschungsabteilung des Oekumenischen Rates für Praktisches Christentum (Hrsg.), Totaler Staat und christliche Freiheit, 1937, S. 60 (75). – Die Aussage erhält ihre Wucht aus dem erklärten Anliegen des Bandes, eine christliche Antwort auf die Herausforderungen durch Nationalsozialismus, Faschismus wie Sowjetdiktatur zu formulieren.

86 Wie hier in der Gesamtbewertung *Huber/Tödt,* Menschenrechte (Fn. 16), S. 45; *S. H. Pfürtner,* Menschenrechte in der christlichen Ethik, in: Concilium 15 (1979), S. 228 (230); *D. Oberndörfer,* Menschenrechte, kulturelle Identität, das westliche Wissenschaftsverständnis und die deutsche reformatorische Tradition, in: ders./K. Schmitt (Hrsg.), Kirche und Demokratie, 1983, S. 189 (198); *W. Stolz,* Menschenrechte und Grundrechte im evangelischen Kirchenrecht, in: Landeskirchenvorstand, Wort (Fn. 25), S. 100 (100 f.); *Wolterstorff,* Protestant developments (Fn. 16), S. 155 f.; *Hütter,* Beurteilung (Fn. 82), S. 13 m.w.N.; *Heckel,* Menschenrechte (Fn. 16), S. 1161 m.w.N.; *W. Huber,* Grundrechte in der Kirche, in: G. Rau/H.-R. Reuter/K. Schlaich (Hrsg.), Das Recht der Kirche, Bd. I, 1997, S. 518 (519); *Robbers* (Fn. 2), § 9 Rn. 5. – Eine sowohl frühe als auch flächendeckende Hinwendung protestantischer Denker zur Menschenrechtsidee postuliert hingegen *H. Dreitzel,* Grundrechtskonzeptionen in der protestantischen Rechts- und Staatslehre im Zeitalter der Glaubenskämpfe, in: G. Birtsch (Hrsg.), Grund- und Freiheitsrechte von der ständischen zur spätbürgerlichen Gesellschaft, 1987, S. 180 (187 ff.).

87 Sinnfällig: Forschungsabteilung, Totaler Staat (Fn. 85); die Beiträge wenden die „christliche Freiheit" regelmäßig gerade nicht gegen den Staat (zu *Emil Brunner* vgl. sogleich in Fn. 89). Siehe statt aller der (reformierte) Beitrag von *P. Barth,* Der Totalitätsanspruch des heutigen Staates und das christliche Freiheitsverständnis, ebda., S. 20 (21): „Allein in der Manifestation des Königtums Gottes ist aber auch christliche Freiheit begründet. Nur von da her realisiert sich christliche Freiheit. Vor ihr zu reden, abgesehen von der Befreiung, die sich unter Gottes suveränem [sic] Königtum ereignet, hätte keinen Sinn." – Vgl. auch den u.a. von *Erik Wolf* mitverantworteten Entwurf „Rechtsordnung" (November 1942), in: ders. (Hrsg.), Im Reiche dieses Königs hat man das Recht lieb

(Psalm 99, 4). Der Kampf der bekennenden Kirche um das Recht, 1946, S. 81 ff., der durchweg nicht in Rechten denkt (Ausnahme, wenn auch nach wie vor als Satz des objektiven Rechts gefaßt: die Verwaltung „darf nicht zu seiner [scil. des Menschen] Versachlichung als bloßes Fürsorge- und Befehlsobjekt führen" – vgl. jetzt Art. 1 Abs. 1 GG).

88   *E. Brunner,* Das Gebot und die Ordnungen. Entwurf einer protestantisch-theologischen Ethik, 2. Aufl. 1933; in diesem ganz auf die „Ordnungen" fixierten Werk haben Grundrechte keinen Platz (der Begriff fehlt bezeichnenderweise ebenso wie „Menschenrecht" oder „Freiheitsrecht" im durchaus feingliedrigen Sachverzeichnis).

89   *E. Brunner,* Der Staat und das christliche Freiheitsverständnis, in: Forschungsabteilung, Totaler Staat (Fn. 85), S. 37 (40: seine Formulierung ist jedoch zunächst entlarvend, wenn er ausführt, daß „die menschliche Freiheit […] auch von der Kirche irgendwie [sic] als Gut und Recht anerkannt wird"). Es folgen dann jedoch allererste tastende Versuche einer genuin theologischen Begründung der Freiheitsrechte (ebda., S. 40 f., 46 ff.), die bestreben, sich „gegen den rationalistischen Individualismus" ebenso abzugrenzen wie gegen den „naturalistischen Kollektivismus" (ebda., S. 47).

90   *E. Brunner,* Gerechtigkeit. Eine Lehre von den Grundgesetzen der Gesellschaftsordnung, 1943, S. 64 ff. (überschrieben mit: „Die Gleichheit der Menschen: Die Freiheitsrechte"). Der Autor entwickelt hier einen klassischen Kanon an Freiheitsrechten aus der Schöpfungsordnung (zugleich spricht er im zweiten Teil wiederum nur noch von „Ordnungen"). – Diese subjektive Wendung entgeht leider *L. Foljanty,* Recht oder Gesetz, 2013, S. 146 ff.

91   *Brunner,* Menschenbild I (Fn. 7). – Durchaus (selbst)kritischer vier Jahre zuvor noch *ders.,* Gerechtigkeit (Fn. 90), S. 68 f.: „Die Kirche, die sich heute über ihre Vergewaltigung durch den totalen Staat mit Recht beklagt, sollte nie vergessen, dass sie es zuerst war, die dem Staate das schlechte Beispiel der Gewissensvergewaltigung gab, indem sie mit staatlicher Macht das sicherstellen wollte, was nur freier Entscheidung entspringen kann. Die Kirche sollte sich zu ihrer Beschämung stets daran erinnern lassen, dass sie fast in allen Stücken die erste Lehrmeisterin des totalen Staates war."

92   So der Göttinger Theologe *Ernst Wolf,* Die Freiheit und Würde des Menschen, in: H. Wandersleb / E. Traumann (Hrsg.),

Recht – Staat – Wirtschaft, Bd. 4, 1953, S. 27 (29 ff.), der jedoch bei aller Anerkennung weiterhin peinlich bemüht ist, eine „wahre" Freiheit zu begründen, die sich nicht in der Abwehrfunktion erschöpft, sondern auch eine Pflichtenkomponente aufweist.

93   Programmatisch *K. Barth*, Christengemeinde und Bürgergemeinde (Kirche und Staat), o.J. [1947], S. 33 f.: „Die Christengemeinde ist die Gemeinde derer, die durch das Wort der Gnade und durch den Geist der Liebe Gottes in Freiheit Gottes Kinder zu sein berufen sind. Das bedeutet in der Übersetzung und im Übergang in die ganz andere politische Gestalt und Wirklichkeit: sie bejaht als das jedem Bürger durch die Bürgergemeinde zu garantierende *Grundrecht der Freiheit*: …" (Hervorhebung i.O., F. W.). – Noch ohne jeden Bezug auf Menschenrechte hingegen *K. Barth*, Rechtfertigung und Recht, 3. Aufl. 1948. Zur Rolle *Barths* knapp *Robbers* (Fn. 2), § 9 Rn. 35.

94   Hier zitiert nach *Wolf*, Freiheit (Fn. 92), S. 29 (vgl. dort auch zum Entstehungskontext).

95   So *H. Vogel*, Die Menschenrechte als theologisches Problem, in: W. Schmauch (Hrsg.), In memoriam Ernst Lohmeyer, 1951, S. 337 (347 ff.): Der evangelische Christ solle nicht Rechte einfordern, sondern seine Pflichten erfüllen.

96   Dies trifft etwa zu für H. Dombois / E. Wilkens (Hrsg.), Macht und Recht. Beiträge zur lutherischen Staatslehre der Gegenwart, 1956; auch die ein Jahr zuvor vom Ökumenischen Kirchenrat verantwortete Studie „Gerechtigkeit in biblischer Sicht" (Beiträge von *H. H. Walz* und *H. H. Schrey*) denkt noch ganz in den Bahnen von objektiver Ordnung und Pflichten. Gleiches gilt für N. N. (Hrsg.), Gerechte Ordnung. Gedanken zu einer Rechts und Staatslehre in evangelischer Sicht, 1948 (Vorträge von *H. H. Walz, E. Mezger, H. Dombois* und *W. Grewe*); *J. Ellul*, Die theologische Begründung des Rechts, 1948 sowie *R. Hauser*, Autorität und Macht. Die staatliche Autorität in der neueren protestantischen Ethik und in der katholischen Gesellschaftslehre, 1949 (der Autor ist ausweislich des „Imprimatur" katholisch, behandelt aber praktisch ausschließlich protestantische Denker). Zusammenfassend *A. Stein*, Evangelische Rechtsethik 1945–1963, in: Rauscher, Katholizismus (Fn. 70), S. 123 ff.; vgl. auch die weiteren zeitgenössischen Texte in Jacobs, Staatslehre (Fn. 78), S. 149 ff.

97   *J. Heckel*, Lex charitatis. Eine juristische Untersuchung über das Recht in der Theologie Martin Luthers, 2. Aufl. 1973 S. 207 ff.; vgl. dazu (bezogen auf die 1. Aufl. der Schrift) *W. Steinmüller*, Evangelische Rechtstheologie. Zweireichelehre – Christokratie – Gnadenrecht, 1968, Bd. 1, S. 86 f., 201 ff. – Zu explizit grundrechtsaversen Äußerungen *Heckels* aus der Zeit vor 1945 siehe nur *H. Dreier*, Die deutsche Staatsrechtslehre in der Zeit des Nationalsozialismus, in: Veröffentlichungen der Vereinigung der Deutschen Staatsrechtslehrer 60 (2001), S. 9 (17, 29 f., 37 ff.).

98   *H. Dombois*, Das Recht der Gnade. Oekumenisches Kirchenrecht I, 1961; vgl. dazu eingehend *Steinmüller*, Rechtstheologie (Fn. 97), Bd. 2, S. 457 ff.

99   Noch ohne jeden Bezug auf Grundrechte *Erik Wolf*, Rechtsgedanke und biblische Weisung, 1948 (sinnfällig S. 93: „Die Gemeinde […] hat auch eine *Ordnungsaufgabe gegenüber der Welt*“ [Hervorhebung i.O., F.W.]). In *ders.*, Recht des Nächsten. Ein rechtstheologischer Entwurf, 1958, S. 16 leitet er nunmehr die „Personalität“ des Menschen aus dessen Gottesebenbildlichkeit ab; sie ist „*das Ur*recht *vor* allen *Grund*rechten“ (Hervorhebung i.O., F.W.). Siehe zum Vergleich beider Texte nochmals *Steinmüller*, Rechtstheologie (Fn. 97), Bd. 1, S. 404 ff.

100   *Heckel*, Lex (Fn. 97), S. 48.

101   Resignierend *Robbers* (Fn. 2), § 9 Rn. 36.

102   Nachgezeichnet wird dieser Prozeß bei *Robbers* (Fn. 2), § 9 Rn. 35 ff.; vgl. ferner *G. Hornig*, Lehre und Bekenntnis im Protestantismus, in: Andresen, Handbuch 3 (Fn. 66), S. 71 (266 ff.); sowie die Detailstudie von *H. Hübner*, Gerechtigkeit und Recht im theologischen Denken Rudolf Bultmanns, in: O. Behrends / R. Dreier (Hrsg.), Gerechtigkeit und Geschichte, 1996, S. 37 (42 ff.).

103   Knapper konfessionskundlicher Überblick bei *J. M. Stayer*, Art. Täufer / Täuferische Gemeinschaften I, in: G. Müller u.a. (Hrsg.), Theologische Realenzyklopädie, Bd. XXXII, 2001, S. 597 ff. sowie *H.-J. Goertz*, Art. Täufer, in: H. D. Betz u.a. (Hrsg.), Religion in Geschichte und Gegenwart, 4. Aufl., Bd. 8, 2005, Sp. 91 ff. – Zum Einfluß auf die Menschenrechtsidee resp. -entwicklung *Brunner*, Menschenbild I (Fn. 7), S. 272 f.; *R. B. Perry*, Amerikanische Geistesgeschichte. Amerikanische Ideale, Bd. I, 1947, S. 74 ff., 259 ff. u. passim; *H. S. Bender*, Täufer und Religionsfreiheit im 16. Jahr-

hundert (1953), in: H. Lutz (Hrsg.), Zur Geschichte der Toleranz und der Religionsfreiheit, 1977, S. 111 ff.; *R. T. Miller*, Religious Conscience in Colonial New England, in: Journal of Church and State 1 (1959), S. 19 (25); *J. W. Shepard*, The European Background of American Freedom, in: Journal of Church and State 1 (1959), S. 4 (10 ff.); aktualisiert *ders.*, The European Background of American Freedom, in: Journal of Church and State 50 (2008), S. 647 (652 ff.); *D. Baskin*, The Congregationalist Origins of American Pluralism, in: Journal of Church and State 11 (1969), S. 277 (280 ff.); *W. W. Wittwer*, Grundrechte bei den Levellern und der New Model Army. Ein Beitrag zur Vorgeschichte des Menschenrechtsgedankens, 1972, S. 170 ff.; *K. R. Morris*, Theological Sources of William Penn's Concept of Religious Toleration, in: Journal of Church and State 35 (1993), S. 83 (106 f.); *F. Ekardt*, Calvinistisches Denken – eine verfassungs- und philosophiehistorische Wurzel der liberalen Grundrechtsidee?, in: *ders.*, Liberalismus, Besitzindividualismus und Handlungstheorie. Verfassungs- und grundrechtshistorische Untersuchungen, 2003, S. 99 ff.; *Robbers* (Fn. 2), § 9 Rn. 22 ff.; *Bock*, Schwert (Fn. 53), S. 77 ff.; *J. Witte*, How to Govern a City on a Hill: Puritan Contributions to American Constitutional Law and Liberty, in: ders., God's Joust (Fn. 79), S. 143 ff.; *ders.*, The Reformation of Rights. Law, Religion, and Human Rights in Early Modern Calvinism, Cambridge / New York 2007, S. 39 ff. u. passim; *ders.*, Rights and liberties in early modern Protestantism: the example of Calvinism, in: ders. / Alexander, Christianity and Human Rights (Fn. 2), S. 135 ff.; *J. S. Maloy*, The Colonial American Origins of Modern Democratic Thought, Cambridge u.a. 2008, S. 171 ff.; *J. E. Calvert*, Quaker Constitutionalism and the Political Thought of John Dickinson, Cambridge u.a. 2009, S. 25 ff.; *S. Mortimer*, Reason and Religion in the English Revolution, Cambridge u.a. 2010, S. 13 ff.; *de Blois*, Freedom (Fn. 78), S. 168 ff.; *F. Cranmer*, Human Rights and the Christian Tradition: A Quaker Perspective, in: N. Doe / R. Sandberg (Hrsg.), Law and Religion: New Perspectives, Löwen / Paris / Walpole [Mass.] 2010, S. 133 (149 ff.); *N. P. Miller*, The Religious Roots of the First Amendment. Dissenting Protestants and the Separation of Church and State, Oxford / New York 2012; *D. Little*, Roger Williams and the Puritan Background of the Establishment Clause, in: T. J. Gunn / J. Witte (Hrsg.), No Establishment of Religion. America's Original Contribution to Religious Liberty, Oxford/New York 2012, S. 100 ff. – Den Stellenwert genuin naturrechtlicher Argumentation für diese Menschenrechtsdiskurse demonstriert gegen die vorherrschende Auffassung der naturrechtsaversen reformierten Position D. *VanDrunen,* Natural Law and the Two Kingdoms. A Study of the Development of Reformed Social Thought, Grand Rapids/Cambridge 2010.

104   Etwa G. *Seebaß,* Evangelium und soziale Ordnung, in: ders., Die Reformation und ihre Außenseiter, 1997, S. 52 ff.; J. K. *Wellman,* Introduction: Religion and Violence: Past, Present, and Future, in: ders. (Hrsg.), Belief and Bloodshed. Religion and Violence across Time and Tradition, Lanham u.a. 2007, S. 1 (9); instruktiv die Studie von D. T. *Konig,* Law and Society in Puritan Massachusetts. Essex County, 1629–1692, Chapel Hill 1979, S. 64 ff., 136 ff.

105   Siehe nur H. *Lutterbach,* Der Weg in das Täuferreich von Münster. Ein Ringen um die heilige Stadt, in: A. Angenendt (Hrsg.), Geschichte des Bistums Münster, Bd. 3, 2006, S. 129 ff.; *ders.,* Radikale Reformation in Münster, in: A. Holzem (Hrsg.), Krieg und Christentum, 2009, S. 439 ff. sowie C. A. *McDaniel,* Violent Yearnings for the Kingdom of God: Münster's Militant Anabaptism, in: Wellman, Bloodshed (Fn. 103), S. 63 ff.

106   Vgl. unten III.3.a.

107   In der Abolitionistenbewegung dominieren auf beiden Seiten des Atlantiks Quäker, Puritaner, Methodisten und Mennoniten: Näher neben der klassischen Darstellung von J. B. *Stewart,* Holy Warriors: The Abolitionists and American Slavery, New York 1976, S. 11 ff., nur die neueren Werke von J. R. *McKivigan,* The War against Proslavery Religion. Abolitionism and the Northern Churches, 1830–1865, Ithaca u.a. 2009, S. 18 ff.; D. *McKanan,* Prophetic Encounters: Religion and the American Radical Tradition, Boston 2012, S. 39 ff.; R. *Huzzey,* Freedom burning; anti-slavery and empire in Victorian Britain, Ithaca u.a. 2012, S. 16 ff., 203 ff.; M. *Oshatz,* Slavery and sin: the fight against slavery and the rise of liberal protestantism, Oxford u.a., 2012, S. 16 ff.; D. *Hempton,* Popupar Evangelicalism and the Shaping of British Moral Sensibilities 1770–1840, in: D. A. Yerxa (Hrsg.), British abolitionism and the question of moral progress in history, Columbia 2012, S. 58 ff. – Andere Akzentsetzung bei J. B. *Dyer,* Natural law and the

antislavery constitutional tradition, Cambridge u.a. 2012, S. 187 ff.; regelrecht kritisch *H. Avalos,* Slavery, Abolitionism, and the Ethics of Biblical Scholarship, Sheffield 2011, S. 269 ff.

108   Wie hier *W. Vögele,* Menschenwürde zwischen Recht und Theologie, 2000, S. 174 ff.; *Lauren,* Evolution (Fn. 38), S. 35 ff.; *Robbers* (Fn. 2), § 9 Rn. 22; *E. Flaig,* Weltgeschichte der Sklaverei, 2. Aufl. 2011, S. 199 ff.; zuletzt *Kiper,* Foundations (Fn. 2), S. 120.

109   Lutherische Stimmen *gegen* den Abolitionismus bei *Dörfler-Dierken,* Luthertum (Fn. 84), S. 305 ff.; *M. Brecht,* Die Menschenrechte in der Geschichte der Kirche, in: J. Baur (Hrsg.), Zum Thema Menschenrechte. Theologische Versuche und Entwürfe, 1977, S. 39 (86 ff.). – Zum Umgang der katholischen Kirche mit der Sklaverei *J. F. Maxwell,* Slavery and the Catholic Church, in: Law and Justice – Christian Law Review 158 (2007), S. 23 ff.; *H. Bielefeldt,* Zwischen Apologetik und Kritik: Sklaverei als Thema in der europäischen Geistesgeschichte, in: Jahrbuch Menschenrechte, Schwerpunkt: Sklaverei heute, 2008, S. 23 (24 f.); *M. de Carvalho Soares,* People of faith: Slavery and African Catholics in eighteenth-century Rio de Janeiro, Durham 2011, S. 146 ff.; speziell für das 19. Jahrhundert sind instruktiv *M. Hochgeschwender,* Wahrheit, Einheit, Ordnung: die Sklavenfrage und der amerikanische Katholizismus 1835–1870, 2006, S. 135 ff. sowie die vergleichende Darstellung von *W. J. Wallace,* Catholics, Slaveholders, and the Dilemma of American Evangelicalism, 1835–1860, Notre Dame 2010, S. 89 ff. u. passim. – Das (späte) Umsteuern schildert *J. Voß,* „Die Sklaverei ist eine Einrichtung gegen die Anordnung Gottes und gegen die Ordnung der Natur" (Papst Leo XIII.). Zeitgenössische Formen der Sklaverei im Zusammenhang von Flucht und Migration, in: Jahrbuch Menschenrechte, ebda., S. 56 (57 f.).

110   Zentrale Stationen: 1787 konstituiert sich in Großbritannien die *Society for Effecting the Abolition of Slavery*; nach ersten Parlamentsbeschlüssen wird 1807 zunächst der Sklavenhandel verboten, bevor mit dem *Abolition of Slavery Act* 1833 auch die Sklaverei selbst aufgehoben wird. In den USA ereignet sich zunächst die Gründung einer parallelen *New England Anti-Slavery Society*; im Bürgerkrieg selbst folgt die Befreiungsproklamation von 1862 (mit – oder besser: ohne – Wirkung ausschließlich für die Südstaaten), bevor die XIII. Verfassungszusatz (1865) ein Total-

verbot im ganzen Land ausspricht. – Vgl. dazu aus der Literatur
A. *Hochschild,* Sprengt die Ketten. Der entscheidende Kampf um
die Abschaffung der Sklaverei, 2007, S. 105 ff.; zuletzt J. *Oldfield,*
Transatlantic Abolitionism in the Age of Revolution: An International History of Anti-Slavery, c. 1787–1820, Cambridge u.a. 2013,
S. 165 ff. – Instruktiv zum weltweiten Kampf der britischen Marine
gegen den Sklavenhandel im 19. Jahrhundert noch S. *Rees,* Sweet
Water and Bitter. The Ships that Stopped the Slave Trade, London
2010.

111 Aus der überreichen Literatur sei hier nur die magi-
strale Studie von *J. M. McPherson,* Für die Freiheit sterben. Die
Geschichte des amerikanischen Bürgerkrieges (1988), 2. Aufl. 1995
zitiert.

112 Jüngerer konfessionskundlicher Überblick von A. Casiday
(Hrsg.), The Orthodox Christian World, London / New York 2012;
vgl. auch *T. Bremer,* Kreuz und Kreml. Kleine Geschichte der orthodoxen Kirche in Rußland, 2007. – Zusammenfassend zur Staatslehre des östlichen Christentums im allgemeinen S. *Runciman,*
The Orthodox Churches and the Secular State, Auckland / Oxford
1971, S. 68 ff.; *D. Kisoudis,* Politische Theologie in der griechisch-
orthodoxen Kirche, 2007, S. 116 ff.; *J. A. McGuckin,* The Legacy of
the Thirteenth Apostle: Origins of the East-Christian Conceptions
of Church-State Relation, in: St. Vladimir's Theological Quarterly
47 (2003), S. 251 ff.; zuletzt G. *Stricker,* Zum Verhältnis von Staat
und Kirche in der Orthodoxie, in: Essener Gespräche zum Thema
Staat und Kirche 45 (2011), S. 7 ff.; *T. Nikolaou,* Das Verhältnis
von Staat und Kirche aus orthodoxer Sicht, ebda., S. 125 ff.; zur
Menschenrechtslehre im besonderen *J. S. Romanides,* The Orthodox Churches on Church-State Relations and Religious Liberty, in:
Journal for State & Church 6 (1964), S. 178 (187 ff.); *V. Fidas,* Doctrine et développement historique des droits fondamentaux dans
la tradition orthodoxe, in: Corecco / Herzog / Scola, Grundrechte
(Fn. 1), S. 669 ff.; *S. S. Harakas,* Human Rights: An Eastern Orthodox Perspective, in: Journal of Ecumenical Studies 19 (1982), S. 13 ff.;
A. *Yannoulatos,* Eastern Orthodoxy and Human Rights, in: International Review of Mission 73 (1984), S. 454 ff.; A. *Pollis,* Eastern Orthodoxy and Human Rights, in: Human Rights Quarterly 15 (1993),
S. 339 ff.; *V. Guroian,* Human Rights and Modern Western Faith: An

Orthodox Christian Assessment, in: Journal of Religious Ethics 26 (1998), S. 241 ff. (aktualisierte Fassung in: Bucar / Barnett, Human Rights [Fn. 2], S. 41 ff.); *J. Witte,* A Dickensian Era of Religious Rights: Catholic, Protestant, and Orthodox Contributions, in: ders., God's Joust (Fn. 79), S. 63 (91 ff.); *P. Valliere,* Russian Orthodoxy and Human Rights, in: Bloom / Martin / Proudfoot, Diversity (Fn. 9), S. 278 ff.; *M. Kachkeev,* Die Menschenrechtslehre der Russischen Orthodoxen Kirche, in: Osteuroparecht 2008, 407 ff.; *A. Agadjanian,* Russian Orthodox Views of Human Rights: Recent Documents and Their Significance, 2008, S. 5 ff.; *O. Luchterhandt,* Menschenrechte, Religionsfreiheit und Orthodoxie, in: Essener Gespräche, ebda., S. 175 ff. sowie zuletzt *McGuckin,* Byzantium (Fn. 52), S. 173 ff. – Zeitbedingt überschießend (und regimetreu) formuliert *C. Voicu,* Die rumänische orthodoxe Theologie und die Menschenrechte, in: Lorenz, Menschenrecht (Fn. 84), S. 97 ff.

113 In der Beobachtung wie hier *M. Mommsen / A. Nuß-berger,* Das System Putin: Gelenkte Demokratie und politische Justiz in Russland, 2007, S. 33 ff. u. passim; *J. Hartmann,* Russland: Einführung in das politische System und Vergleich mit den post-sowjetischen Staaten, 2012, S. 263.

114 Materialreicher Überblick bei *J. Witte / F. S. Alexander* (Hrsg.), The Teachings of Modern Orthodox Christianity on Law, Politics & Human Nature, New York / Chichester 2007, S. 35 ff.; instruktiv auch *B. Cousins,* Russian Orthodoxy: Contemporary Challenges in Society, Interreligious Encounters and Mission, in: A. O'Mahony / M. Kirwan (Hrsg.), World Christianity. Politics, Theology, Dialogues, London 2004, S. 308 ff.

115 Zitiert nach *A. Brüning,* Spannungsverhältnis „Orthodoxe Werte" und Menschenrechte, in: Osteuropa 59 (2009), S. 63 (66). – Instruktiv zum Umgang der Griechisch-orthodoxen Kirche mit Menschenrechts- und Minderheitsfragen *P. Yannas,* Non-Orthodox Minorities in Contemporay Greece: Legal Status and Concomitant Debates between Church, State and the International Community, in: V. Roudometof / V. N. Makrides (Hrsg.), Orthodox Christianity in 21st Century Greece, Farnham / Burlington 2010, S. 111 (114 ff.); vgl. aber auch den Hinweis von *Karagiannis,* Kirche (Fn. 31), S. 287 f., daß ausgerechnet die Griechisch-orthodoxe Kirche die erste Klägerin war, die 1987 den griechischen Staat vor den – an-

sonsten ebenfalls perhorreszierten – Europäischen Gerichtshof für Menschenrechte brachte: Europäischer Gerichtshof für Menschenrechte, Entscheidung v. 9.12.1994, Nr. 13092/87 u. 13984/88, Series A no. 301-A – *Holy Monasteries vs. Greece* und dazu wie zum Gesamtproblem *S. Stepanos,* Human Rights in Greece: Twelve Years Supervision from Strasbourg, in: Journal of Modern Greek Studies 1 (1999), S. 3 ff. sowie *D. P. Paine,* The Clash of Civilisation: The Church of Greece, the European Union, and the Question of Human Rights, in: Religion, State & Society 31 (2003), S. 261 ff.

116 J. Thesing / R. Uertz (Hrsg.), Die Grundlagen der Sozialdoktrin der Russisch-Orthodoxen Kirche. Deutsche Übersetzung mit Einführung und Kommentar, 2001; vgl. dazu *C. Starck,* Die Sozialdoktrin der Russisch-Orthodoxen Kirche 2000, in: S. Muckel (Hrsg.), Kirche und Religion im sozialen Rechtsstaat. Festschrift für Wolfgang Rüfner, 2003, S. 821 ff. sowie *Luchterhandt,* Menschenrechte (Fn. 112), S. 185 ff.; zuletzt *G. Stricker,* Zustimmung und Unruhe: die Russische Orthodoxe Kirche im „System Putin", in: Herder-Korrespondenz 66 (2012), S. 569 ff. – Zur restriktiven Haltung des Moskauer Patriarchats zur Möglichkeit der Kriegsdienstverweigerung aus Gewissensgründen instruktiv *F. S. Hansen,* The Moscow Patriarchate and the Right to Conscientious Objection, in: Religion, State & Society 37 (2009), S. 403 ff.

117 So auch *Pollis,* Orthodoxy (Fn. 112), S. 353; *Valliere,* Russian Orthodoxy (Fn. 112), S. 280 f.; *Brüning,* Spannungsverhältnis (Fn. 115), S. 63 f. sowie *Luchterhandt,* Menschenrechte (Fn. 112), S. 188 f.; a.A. hingegen *McGuckin,* Byzantium (Fn. 52), S. 188 u. passim sowie *Witte,* Dickensian Era (Fn. 112), S. 92 f.

118 Vgl. zur berühmten Kontroverse zwischen dem Basileus *Nikephoros II. Phokas* und Patriarch *Polyeuktes* um die Ehrung gefallener Soldaten als Märtyrer statt aller die neueren Darstellungen von *R. Morris,* The two faces of Nikephoros Phokas, in: Byzantine and Middle Greek Studies 12 (1988), S. 83 (87 f.) sowie *P. Stephenson,* Religious Services for Byzantine Soldiers and the Possibility of Martyrdom, c. 400–c. 1000, in: S. H. Hashmi (Hrsg.), Just Wars, Holy Wars, & Jihads. Christian, Jewish, and Muslim Encounters and Exchanges, Oxford / New York 2012, S. 25 (38: ihm zufolge hat der Patriarch hier eine bislang herrschende Praxis beendet); zum Gesamtkomplex zuletzt *A. Kolia-Dermitzaki,* „Holy War"

in Byzantium Twenty Years Later. A Question of Term Definition and Interpretation, in: J. Koder/I. Stouratis (Hrsg.), Byzantine War Ideology Between Roman Imperial Concept and Christian Religion, 2012, S. 121 ff.; vgl. auch *A. F. Webster*, The canonical validity of military service by orthodox christians, in: The Greek Orthodox Theological Review 23 (1978), S. 257 ff.

119   Bezeichnenderweise stützt *Witte* seine positive Einschätzung (vgl. die vorvorige Fn.) auf orthodoxe Dokumente nordamerikanischen Ursprungs von 1978 bzw. 1980: *ders.*, Dickensian Era (Fn. 112), S. 93 m.N. – Instruktiv zur Exilorthodoxie *A. Arjakovsky*, Orthodoxy in Paris, in: Casiday, World (Fn. 112), S. 154 (158 ff.) sowie *D. O. Herbel*, Orthodoxy in North America, ebda., S. 164 (171 ff.; beide m.w.N.).

120   Differenziertere Lösungsansätze etwa bei *Karagiannis*, Kirche (Fn. 31), S. 271 ff. und *Brüning*, Spannungsverhältnis (Fn. 115), S. 69 ff. (jeweils m.w.N.).

121   Unterstrichen von *D. Konstantinow*, Die Kirche in der Sowjetunion nach dem Kriege. Entfaltung und Rückschläge, 1973, S. 13 und 105; *E. Miroshnikova*, The Evolution of the Byzantine Legacy in Modern Church-State Relations in the West and in Russia, in: European Journal for Church and State Research 11 (2004), S. 125 (134 ff.); *I. Papovka*, The Orthodox Church and Russian Politics, Oxford/New York 2011; knapper Überblick über die Geschichte der kirchlich-staatlichen Beziehungen in Rußland bei *A. Zubov*, Die Beziehungen zwischen Kirche und Staat in Rußland – grundsätzliche und aktuelle Probleme, in: R. Uertz/L. P. Schmidt (Hrsg.), Beginn einer neuen Ära? Die Sozialdoktrin der Russisch-Orthodoxen Kirche vom August 2000 im interkulturellen Dialog, 2004, S. 43 (45 ff.).

122   Sie äußert sich u.a. in dem Fehlen einer systematischen Sozialethik und -lehre in der Ostkirche, vgl. *D. Savramis*, Wesen und Eigenart der griechisch-orthodoxen Kirche im Verhältnis zu westlichen Kirchen, in: ders. (Hrsg.), Religionen, 1972, S. 208 (220 f.).

123   Hinweise bei *Valliere*, Russian Orthodoxy (Fn. 112), S. 279 f. sowie *Stricker*, Staat und Kirche (Fn. 112), S. 59. Instruktiv auch *J. Witte*, Soul Wars in Russia: The Clash of Eastern and Western Christianity over Religion and Liberty, in: ders., God's Joust (Fn. 79), S. 114 (136 ff.).

124   Hier ist darauf hinzuweisen, daß namentlich die päpstlichen Bannstrahlen gegen die Menschenrechte (oben bei und
in Fn. 24 f.) entweder zeitlich vor dem I. Vaticanum angesiedelt
oder nicht *ex cathedra* ergangen sind; zu dieser Voraussetzung der
vielfach verkürzt dargestellten „päpstlichen Unfehlbarkeit" näher
die Dogmatische Konstitution „Pastor aeternus" des Ersten Vatikanischen Konzils vom 18.7.1870, in: Hünermann, Kompendium
(Fn. 16), Rn. 3050 (3074) sowie aus der Literatur *W. Beinert,* Art.
Unfehlbarkeit, in: W. Kasper u.a. (Hrsg.), Lexikon für Theologie
und Kirche, 3. Aufl., Bd. 10, 2001, Sp. 389 ff.; *E. Herms,* Art. Unfehlbarkeit: fundamentaltheologisch, in: Betz, RGG VIII (Fn. 103),
Sp. 731 f.; *E. Klinger,* Macht und Autorität: die Unfehlbarkeit des
Papstes; ein Sprachproblem, in: M. Delgado / G. M. Hoff / G. Riße
(Hrsg.), Das Christentum in der Religionsgeschichte. Festschrift
für Hans Waldenfels, 2011, S. 165 ff. sowie zuletzt *M. Rhonheimer,*
Religionsfreiheit – Bruch mit der Tradition?, in: Die Neue Ordnung
65 (2011), S. 244 (251 ff.). Zur Kritik statt aller *H. Küng,* Unfehlbar?
Eine Anfrage, 1. Aufl. 1970.

125   Die Redeweise von den protestantischen Sekten als „Senfkorn" begegnet bei *Bock,* Schwert (Fn. 53), S. 77.

126   In diese Richtung aber die dezidiert theonomen oder – je
nach Geschmack – theistischen Grundrechtslehren von *M. J. Perry,*
Toward a Theory of Human Rights. Religion, Law, Courts, Cambridge u.a. 2007, S. 14 ff. sowie *Wolterstorff,* Justice (Fn. 43), S. 65 ff.,
342 ff. u. passim.

127   Aus der exegetischen Literatur in diesem Sinne etwa
R. Pesch, Das Markusevangelium 1,1–8,26, 1976, S. 260 ff.; *W. Schmit-
hals,* Das Evangelium nach Markus, Kapitel 1,1–9,1, 3. Aufl. 1986,
S. 250 f. (beide m.w.N., auch zu älteren Deutungen).

128   In Anlehnung an *N. Luhmann,* Einführung in die Systemtheorie, hrsg. v. D. Baecker, 2. Aufl. 2004, S. 132. – Wie hier
J. Baur, Versuch einer systematisch-theologischen Orientierung, in:
ders., Menschenrechte (Fn. 108), S. 97 (107): „Die Menschenrechte
können nicht durch exegetische Begründungen und dogmatische
Setzungen aus der Heilsgegenwart Gottes in Christus abgeleitet
werden."

129   So etwa *Krämer,* Tradition (Fn. 25), S. 57; *K. Hilpert,* Die
Menschenrechte – ein christliches Erbe?, in: Girardet / Nortmann,

Identität (Fn. 45), S. 147 (155 ff.); *D. E. Aune*, Human rights in early christianity, in: Witte / Alexander, Christianity and Human Rights (Fn. 2), S. 81 (87 ff.); *Kasper*, Foundations (Fn. 2), S. 258; *Huber*, Menschenrechte / Menschenwürde (Fn. 2), S. 578; *Villa-Vincencio*, Christianity (Fn. 2), S. 584; *McCorquodale*, Human Rights (Fn. 2), S. 15 ff.; *Robbers*, Menschenrechte (Fn. 2), § 9 Rn. 46; *Schambeck* (Fn. 1), § 8 Rn. 11 f.; *Ballestrem*, Kirche (Fn. 2), S. 155.

130   Speziell dazu *K. Korinek*, Die Gottesebenbildlichkeit des Menschen als Grundlage moderner Grundrechtskataloge, in: E. Kapellari / H. Schambeck (Hrsg.), Diplomatie im Dienst der Seelsorge. Festschrift für Donato Squicciarini, 2002, S. 76 (79 ff.); zum Anknüpfungspunkt menschenrechtlicher Gehalte machen die Passage ferner *W. Kasper*, Theologische Bestimmung der Menschenrechte im neuzeitlichen Bewußtsein von Freiheit und Geschichte, in: Schwartländer, Freiheitsethos (Fn. 1), S. 285 (289); *Ernst*, Ursprung (Fn. 42), S. 234 ff.; *Huber*, Menschenrechte / Menschenwürde (Fn. 2), S. 578; *Hilpert*, Menschenrechte (Fn. 31), S. 357 f.; *P.-P. König / H. J. Willen*, Vorwort, in: V. Bock (Hrsg.), Die Würde des Menschen unantastbar? 60 Jahre Allgemeine Erklärung der Menschenrechte, 2010, S. 7 (7) sowie *Waldron*, Image (Fn. 51), S. 224 ff.

131   Zur genuin theologischen Deutung siehe etwa *F. Mußner*, Der Galaterbrief, 5. Aufl. 1998, S. 262 ff., 342 ff.

132   So *U. Luck*, Neutestamentliche Perspektiven zu den Menschenrechten, in: Baur, Menschenrechte (Fn. 109), S. 19 (22 f.); *H. D. Betz*, Der Galaterbrief. Ein Kommentar zum Brief des Apostels Paulus an die Gemeinden in Galatien, 1988, S. 334 ff.; *T. Pröpper*, Art. Freiheit, in: P. Eicher (Hrsg.), Neues Handbuch theologischer Grundbegriffe, Bd. 2, 1991, S. 66 (72 f.); *D. Lührmann*, Der Brief an die Galater, 3. Aufl. 2001, S. 65 ff., 80; speziell zur Geschlechtergleichheit *B. Kahl*, No Longer Male: Masculinity Struggles behind Galatians 3.28?, in: Journal for the Study of the New Testament 79 (2000), S. 37 (37). – Differenziert in menschenrechtlicher Perspektive *Aune*, Human rights (Fn. 129), S. 89 ff., der insbesondere darauf hinweist, daß bei jeder „Gleichheitsprädikation" zu prüfen ist, ob sie lediglich innerhalb der Kirche oder gar nur im Verhältnis zu Gott wirkt oder auch gesellschaftlich relevant sein soll. Ähnlich zurückhaltend *Villa-Vicencio*, Christianity (Fn. 2), S. 584; *K. Green-*

awalt, Religion and Equality, in: Witte / Alexander, Christianity and Human Rights (Fn. 2), S. 236 (236).

133   *Brunner,* Menschenbild II (Fn. 60), S. 385 f.; *G. P. Fletcher,* In God's Image: The Religious Imperative of Equality Under Law, in: Columbia Law Review 99 (1999), S. 1608 (1618 ff.); vgl. auch *Ernst,* Ursprung (Fn. 42), S. 236; *Putz,* Christentum (Fn. 2), S. 27 f.

134   Unterstrichen von *Betz,* Galaterbrief (Fn. 132), S. 334 f.; *S. K. Williams,* Galatians, Nashville 1997, S. 106 f.; vgl. auch *Hilpert,* Menschenrechte (Fn. 31), S. 358 ff. – Anders noch *Mußner,* Galaterbrief (Fn. 131), S. 264: Die faktischen Unterschiede bestehen fort, „aber sie haben jegliche Heilsbedeutung vor Gott verloren" (i.O. durch Sperrung hervorgehoben, F. W.).

135   Zusammenfassend statt aller *Huber,* Menschenrechte / Menschenwürde (Fn. 2), S. 578.

136   Pointiert *I. Riedel-Spangenberger,* Europäische Grundrechtstraditionen. Ein Überblick über die Entwicklung vom christlichen Abendland bis zur Europäischen Grundrechtscharta, in: Zapp / Weiß / Korta, Ius Canonicum (Fn. 2), S. 135 (140 f.) sowie *Villa-Vicencio,* Christianity (Fn. 2), S. 584 f. – Vgl. zur Deutungsgeschichte der Bibel magistral *H. Graf Reventlow,* Epochen der Bibelauslegung, 4 Bde., 1990–2001; instruktiv ferner die Beiträge in: C. Andresen (Hrsg.), Handbuch der Dogmen- und Theologiegeschichte, 3 Bde., 1988 sowie die knappen Zusammenfassung von *C. Dohmen,* Art. Exegese I.-III., in: W. Kasper u.a. (Hrsg.), Lexikon für Theologie und Kirche, 3. Aufl., Bd. 3, 1995, Sp. 1087 (1088 ff.).

137   Näher zu der in diesem Zusammenhang besonders bekannten Aussage über das Schweigegebot für Frauen in 1. Korinther 14, 34: *M. Crüsemann,* Untrennbar frauenfeindlich. Der Kampf um das Wort von Frauen in 1 Kor 14, (33b) 34–35 im Spiegel antijudaistischer Elemente der Auslegung, in: L. Schottroff / M.-T. Wacker (Hrsg.), Von der Wurzel getragen. Christlich-feministische Exegese in Auseinandersetzung mit Antijudaismus, 1996, S. 199 (201 ff.); zum Lehrverbot von Frauen in 1. Tim 2, 11 f. näher *U. Wagener,* Die Ordnung des „Hauses Gottes". Der Ort von Frauen in der Ekklesiologie und Ethik der Pastoralbriefe, 1994, S. 92 ff.

138   Etwa 1. Korinther 7, 22: „Ist doch der im Herrn berufene Sklave ein Freigelassener des Herrn; ebenso ist der als Freigeborener Berufene ein Sklave Christi." Vgl. dazu *J. M. G. Barclay,* Paul,

Philomenon and the Dilemma of Christian Slave-Ownership, in:
New Testament Studies 37 (1991), S. 161 (177 f., 183 f.); *Aune,* Human
Rights (Fn. 129), S. 91 f.; für eine von Paulus implizierte soziale
Statusänderung und nicht nur potentielle Gleichstellung votieren
C. Strecker, Die liminale Theologie des Paulus – Zugänge zur
paulinischen Theologie aus kulturanthropologischer Perspektive,
1999, S. 373 ff. sowie – als eine von vier Deutungsmöglichkeiten –
M. Wolter, Der Brief an die Kolosser. Der Brief an Philemon, 1993,
S. 229. – Wie hier *Luck,* Perspektiven (Fn. 132), S. 23 ff. (S. 24:
Votum gegen „die heute üblichen glatten Schlüsse"); *Dreier* (Fn. 2),
Vorb. Rn. 3; *Kiper,* Foundations (Fn. 2), S. 120 f. m. Fn. 38.

139   Näher *C. Andresen/G. Denzler,* Art. Sklaverei und Christentum, in: dtv-Wörterbuch der Kirchengeschichte, 2. Aufl. 1984,
S. 553 ff.; *E. Flaig,* Art. Sklaverei, in: J. Ritter/K. Gründer (Hrsg.),
Historisches Wörterbuch der Philosophie, Bd. 9, 1995, Sp. 976
(977 ff.); *J.-M. Salamito,* Christianisierung und Neuordnung des
gesellschaftlichen Lebens, in: J.-M. Mayeur u.a. (Hrsg.), Die Geschichte des Christentums, Bd. II, 1996, S. 768 (798 f.); *R. Klein,* Art.
Sklaverei, IV. Alte Kirche und Mittelalter, in: G. Müller u.a. (Hrsg.),
Theologische Realenzyklopädie XXXI, 2000, S. 379 ff.; *D. Turley,*
Art. Sklaverei, V. Reformation bis Neuzeit, ebda., S. 383 ff.; *J. Mul-
doon,* Spiritual Freedom – Physical Slavery: The Medieval Church
and Slavery, in: Ave Maria Law Review 3 (2005), S. 69 (70 ff.); zuletzt *W. Wolbert,* „‚Sklaverei' ist in einem Sinn auf Leiber, in einem
anderen auf Seelen angewandt." Zur christlichen Beurteilung der
Sklaverei, in: C. Sedmak (Hrsg.), Freiheit, 2012, S. 111 (114 ff.). –
Fundierte Kritik an der geläufigen These, die Christianisierung
des römischen Reiches habe zu einer graduellen Verbesserung des
Loses der Sklaven geführt, äußert schließlich *K. Harper,* Slavery in
the Late Roman World AD 275–425, Cambridge u.a. 2011, S. 209 ff.

140   Pointiert *Dreier* (Fn. 2), Vorb. Rn. 3 f.; ähnlich *B. M. Ahern,*
Biblical Doctrines on the Rights and Duties of Man, in: Gregoria-
num 65 (1984), S. 301 (301: „anachronistic"); *Oestreich,* Geschichte
(Fn. 42), S. 19; *C. Andresen/G. Denzler,* Art. Menschenrechte, in:
dtv-Wörterbuch (Fn. 139), S. 395; *Hilpert,* Menschenrechte (Fn. 31),
S. 33; *Schambeck* (Fn. 1), § 8 Rn. 13; *Robbers* (Fn. 2), § 9 Rn. 5; *Klein,*
Bedeutung (Fn. 2), S. 416; *Mahoney,* Challenge (Fn. 45), S. 4: „But
such a logical train of thought is not to be found in the Bible itself."

141   In diese Richtung vergleichsweise apodiktisch etwa *Henkin,* Religion (Fn. 23), S. 146 f. u. passim; siehe ferner *Gutmann,* Säkularisierung (Fn. 7), S. 244 ff.

142   Ein umfangreicherer Katalog an denk- oder wünschbaren „Leistungen" einer theologischen Menschenrechtslehre findet sich bei *Hilpert,* Menschenrechte (Fn. 31), S. 397 ff.

143   Wie hier pointiert *Blank,* Gottes Recht (Fn. 33), S. 217 sowie *Klein,* Bedeutung (Fn. 2), S. 422 f. – Eigenständige Entwürfe einer theologischen Fundierung der Menschenrechte aus jüngerer Zeit: *H.-J. Sander,* Macht in der Ohnmacht. Eine Theologie der Menschenrechte, 1999, S. 125 ff.; *M. Heimbach-Steins,* Menschenrechte in Gesellschaft und Kirche. Lernprozesse, Konfliktfelder, Zukunftschancen, 2001, S. 12 ff.; *Hilpert,* Menschenrechte (Fn. 31), S. 25 ff., 357 ff.; *Saberschinsky,* Begründung (Fn. 71), S. 367 ff.; *Regan,* Theology (Fn. 7), S. 63 ff. u. passim; vgl. auch die älteren Arbeiten von *Neumann,* Menschenrechte (Fn. 1), S. 23 ff.; *Hinder,* Grundrechte (Fn. 1), S. 169 ff.; *F. Böckle,* Theonome Autonomie in der Begründung der Menschenrechte, in: Schwartländer, Freiheitsethos (Fn. 1), S. 303 ff. sowie *Tödt,* Menschenrechte (Fn. 37), S. 46 ff.

144   Treffend zur doppelten Einflußrichtung *Witte,* Dickensian Era (Fn. 112), S. 69: „Conversely, religious narratives need human rights norms both to protect them and to challenge them" (vgl. auch die folgende Fn.)

145   *Wittreck,* Jesus Christus (Fn. 6), S. 17 f.; so auch *Shupack,* Churches (Fn. 16), S. 153; *Witte,* Dickensian Era (Fn. 112), S. 68; *Ceming,* Religionen (Fn. 9), S. 379 f. u. passim; *D. Little,* Religion, Human Rights, and Public Reason: The Role and Limits of a Secular Rationale, in: Witte / Green, Religion (Fn. 2), S. 135 (146, 148); *R. Harries,* The Complementarity between Secular and Religious Perspectives of Human Rights, in: Ghanea / Stephens / Walden, Does God Believe (Fn. 2), S. 19 (19 f. u. passim); *Nathan,* Changing Face (Fn. 2), S. 180 ff. („Hope"); vgl. noch *Kiper,* Foundations (Fn. 2), S. 111, 123 ff., der das Konzept der Menschenrechte zwar ohne Rückgriff auf religiöse Elemente begründen will, sie aber für die Implementierung immerhin als nützlich erachtet. – Speziell zur Anerkennung der Menschenwürde schließlich eindringlich *E. Schockenhoff,* Die Achtung der Menschenwürde in der technisch-wissenschaftlichen Zivilisation, in: Rauscher, Handbuch

(Fn. 11), S. 61 (68 ff.) sowie zuletzt *P. Kirchhof,* Entstehensgrund des Verfassungsstaates, in: M. Sachs / H. Siekmann (Hrsg.), Der grundrechtsgeprägte Verfassungsstaat. Festschrift für Klaus Stern, 2012, S. 43 (45)

146   Gleichsinnig *P. Saladin,* Christlicher Glaube und Menschenrechte, in: Lorenz, Menschenrecht (Fn. 84), S. 36 (36, 43 f., 46 f.); *Saberschinsky,* Begründung (Fn. 71), S. 400 ff.; *Lauren,* Evolution (Fn. 38), S. 10 f., der gleich vier „critical contributions" der Religionen zur Menschenrechtsidee namhaft macht. – Auf die Notwendigkeit einer Kritik *der* Menschenrechte weist schließlich *Wackenheim,* Bedeutung (Fn. 59), S. 226 ff. hin.

147   Wie hier *Saladin,* Glaube (Fn. 145), S. 36. – Zugespitzte Gegenposition bei *Gutmann,* Säkularisierung (Fn. 7), S. 248: „Der Beistand der Religion nützt ihr [der normativen Moderne, F. W.] nichts mehr. Er stört sie allenfalls bei der Arbeit."

148   *G. Essen,* Sinnstiftende Unruhe im System des Rechts. Religion im Beziehungsgeflecht von modernem Verfassungsstaat und säkularer Zivilgesellschaft, 2004, S. 73 ff.

149   Pointiert *G. Luf,* Die religiöse Freiheit und der Rechtscharakter der Menschenrechte. Überlegungen zur normativen Genese und Struktur der Religionsfreiheit, in: Schwartländer, Freiheit (Fn. 8), S. 72 (74).

150   Vgl. nur das Diktum *Hegels* vom Christentum als „Religion der geistigen Individualität" (Vorlesungen über die Philosophie der Religion [1821], 2. Teil, 2. Abschnitt, in: E. Moldenhauer / K. M. Michel [Red.], Werke, Bd. 17, 1986, S. 9 ff. [Zitat S. 9]) und dazu *T. Borsche,* Art. Individuum, Individualität, III. Neuzeit, in: J. Ritter / K. Gründer (Hrsg.), Historisches Wörterbuch der Philosophie, Bd. 4, 1976, Sp. 310 (316 f.).

151   In diese Richtung etwa auch *Punt,* Menschenrechte (Fn. 45), S. 243 f. oder *Stackhouse,* Human Rights (Fn. 2), S. 36 ff. sowie zuletzt *G. Essen,* Autonomer Geltungssinn und religiöser Begründungszusammenhang. Papst Gelasius I. († 496) als Fallstudie zur religionspolitischen Differenzsemantik, in: Archiv für Rechts- und Sozialphilosophie 99 (2013), S. 1 (9 f.). Vgl. auch *G. Haeffner,* Der Beitrag des Christentums zur Gestaltwerdung Europas, in: H. Maier (Hrsg.), Was hat Europa zu bieten? Sein geistig-kultureller Beitrag in einer Welt des Geldes, 1998, S. 25 (35 f.).

152   Eingehend *F. Crüsemann,* Die Tora. Theologie und Sozial-geschichte des alttestamentlichen Gesetzes, 1992, S. 213 ff., 262 ff., 374 ff.; knapper *J. Scharbert,* Art. Gerechtigkeit, I. Altes Testament, in: G. Krause / G. Müller (Hrsg.), Theologische Realenzyklopädie, Bd. XII, 1984, S. 404 (405 ff.); *F.-L. Hossfeld,* Art. Gerechtigkeit, II. Altes Testament, in: W. Kasper u.a. (Hrsg.), Lexikon für Theologie und Kirche, 3. Aufl., Bd. 4, 1995, Sp. 500 f.; siehe ferner *M. Witte,* Von der Gerechtigkeit Gottes und des Menschen im Alten Testament, in: ders. (Hrsg.), Gerechtigkeit, 2012, S. 37 ff. – Instruktiv auch *R. Kessler,* Sozialgeschichte des alten Israel, 2. Aufl. 2008, S. 34 ff. u. passim.

153   Prominent *P. Lerche,* Christentum und Staatsrecht, in: Tomandl, Einfluss (Fn. 71), S. 85 (88 ff.); *W. Hassemer,* Die Men-schenwürde ist ein Solitär – Aber auch ihr Verständnis unterliegt dem sozialen Wandel, in: Zeitschrift für Rechtspolitik 2005, S. 101 (102); *Starck,* Menschenrechte (Fn. 43), S. 23 f. In diesem Sinne ferner *Limburg,* Menschenrechte (Fn. 33), S. 209 ff.; *Wolterstorff,* Justice (Fn. 43), S. 75 ff.

154   Die beispielsweise wichtig für das Sozialstaatsprinzip und seine Deutung sein kann; vgl. statt aller *C. Starck,* Freiheit und Institutionen, 2002, S. 45. – Die christliche Tradition entfalten *L. Roos,* Entstehung und Entfaltung der modernen Katholischen Soziallehre, in: Rauscher, Handbuch (Fn. 11), S. 103 ff.; *J. W. Brod-man,* Charity & Religion in Medieval Europe, Washington 2009, S. 9 ff.; *L. Charlesworth,* Welfare's forgotten past: a socio-legal history of the poor law, Abingdon 2010, S. 35 ff.; *B. Pullan,* Poverty, charity, and social welfare, in: Witte / Alexander, Christianity and Law (Fn. 2), S. 185 (186 ff.); *H. Rhee,* Wealth, Poverty, and Escha-tology: Pre-Constantine Christian Social Thought and the Hope for the World to Come, in: J. Leemans / B. J. Matz / J. Verstraeten (Hrsg.), Reading Patristic Texts on Social Ethics, Washington D. C. 2011, S. 64 ff. – Die Einflußnahme beider Kirchen auf die Kodifi-kation des BGB zeichnet *J. Rückert,* Christliche Imprägnierung des BGB?, in: Dreier / Hilgendorf, Identität (Fn. 2), S. 263 (270 ff., 276 ff.) nach.

155   Wie hier *H. Reventlow,* Der Eifer um Recht und Gerech-tigkeit im Alten Testament und die theologische Frage nach dem Recht im Zusammenhang mit der heutigen Menschenrechtsdis-

kussion, in: Die Verantwortung der Kirche in der Gesellschaft, 1973, S. 57 (67); *C. Westermann,* Das Alte Testament und die Menschenrechte, in: Baur, Menschenrechte (Fn. 109), S. 5 (10: „Die Beziehung ist eine indirekte.") sowie *Schambeck* (Fn. 1), § 8 Rn. 13.

156 Wie hier *Starck,* Institutionen (Fn. 154), S. 45.

157 Vgl. oben bei und in Fn. 72.

158 Siehe zur Terminologie nochmals oben Fn. 38 sowie *Ceming,* Religionen (Fn. 9), S. 48 ff.

159 Plausibel daher für diesen Bereich die Wertung von *G. Putz,* Die katholische Kirche und die sozialen Grundrechte, in: Jahrbuch für Christliche Sozialwissenschaften 29 (1988), S. 193 (193: „Pionierarbeit" der Kirche); vgl. eingehend *dies.,* Christentum (Fn. 2), S. 121 ff.

160 *Mahoney,* Challenge (Fn. 45), S. 4.

161 Wie hier zur mittelbaren Relevanz für die Menschenrechtsentwicklung *E.-W. Böckenförde,* Die Entstehung des Staates als Vorgang der Säkularisation (1967), in: ders., Staat, Gesellschaft, Freiheit. Studien zur Staatstheorie und zum Verfassungsrecht, 1976, S. 42 (43 ff.); *Ernst,* Ursprung (Fn. 42), S. 239 ff.; *Luf,* Freiheit (Fn. 149), S. 75; stärker rechtsstaatlich gewendet begegnet derselbe Ansatz bei *R. Mohr,* The Christian origins of secularism and the rule of law, in: N. Hosen/ders. (Hrsg.), Law and Religion in Public Life. The contemporary debate, Abingdon/New York 2011, S. 34 ff. – Zur Tradition als solcher *H. Barion,* Art. Kirche und Staat, in: K. Galling (Hrsg.), Die Religion in Geschichte und Gegenwart, 3. Aufl., Bd. III, 1959, Sp. 1327 (1327 ff.); *R. M. Grant,* Art. Kirche und Staat, in: G. Müller (Hrsg.), Theologische Realenzyklopädie, Bd. XVIII, 1989, S. 354 (359 ff.); *H. Dreier,* Säkularisierung des Staates am Beispiel der Religionsfreiheit, in: Rechtsgeschichte 19 (2011), S. 72 (73 ff.). – Gehaltvolle Epochenübersicht in: F.-R. Erkens/H. Wolff (Hrsg.), Von Sacerdotium und Regnum. Geistliche und weltliche Gewalt im frühen und hohen Mittelalter. Festschrift für Egon Boshof, 2002; instruktiv auch A.-J. A. Bijsterveld/H. Teunis/A. Wareham (Hrsg.), Negotiating Secular and Ecclesiastical Power, Turnhout 1999.

162 Zur Deutung *L. Goppelt,* Die Freiheit zur Kaisersteuer (zu Mk. 12, 17 und Röm 13, 1–7), in: G. Kretschmar/B. Lohse (Hrsg.), Ecclesia und Res Publica. Festschrift für Kurt Dietrich Schmidt,

Christentum und Menschenrechte

1961, S. 40 ff.; *P. C. Bori*, „Date a Cesare quel che è di Cesare ..." (Mt 22,21), in: Cristianesimo nella storia 7 (1986), S. 451 ff. sowie zuletzt monographisch *N. Förster*, Jesus und die Steuerfrage. Die Zinsgroschenperikope auf dem religiösen und politischen Hintergrund ihrer Zeit mit einer Edition von Pseudo-Hieronymus, De haeresibus Judaeorum, 2012.

163 Klassisch, aber nicht ohne zeitbedingten Bias etwa *E. Friedberg*, Die Grenzen zwischen Staat und Kirche und die Garantien gegen deren Verletzung, 1872, ND 1962 sowie *H. v. Schubert*, Der Kampf des geistlichen und weltlichen Rechts, 1927; instruktive Zusammenstellungen von Z. Ciaccometti, Quellen zur Geschichte der Trennung von Staat und Kirche, 1926; H. Liermann (Hrsg.), Kirchen und Staat, 2 Bde., 1954; *H. Raab*, Kirche und Staat, 1966; E. R. Huber / W. Huber (Hrsg.), Staat und Kirche im 19. Jahrhundert, 5 Bde., 1973–1995. – Neuere Darstellungen: H. Quaritsch / H. Weber (Hrsg.), Staat und Kirchen in der Bundesrepublik, 1967; P. Mikat (Hrsg.), Kirche und Staat in der neueren Entwicklung, 1980; *ders.*, Das Verhältnis von Kirche und Staat nach der Lehre der katholischen Kirche, in: J. Listl / D. Pirson (Hrsg.), Handbuch des Staatskirchenrechts der Bundesrepublik Deutschland, 2. Aufl. Bd. I, 1994, § 4 (S. 111 ff.); *M. Heckel*, Das Verhältnis von Kirche und Staat nach evangelischem Verständnis, ebda., § 5 (S. 157 ff.); *J. Listl*, Die Lehre der Kirche über das Verhältnis von Kirche und Staat, in: ders. / H. Schmitz (Hrsg.), Handbuch des katholischen Kirchenrechts, 2. Aufl. 1999, § 116 (S. 1239 ff.); *M. Davies*, Pluralism in law and religion, in: P. Cane / C. Evans / Z. Robinson (Hrsg.), Law and Religion in Theoretical and Historical Context, Cambridge 2008, S. 72 ff.; *Burleigh*, Mächte (Fn. 24), S. 394 ff. u. passim; *M. Rhonheimer*, Christentum und säkularer Staat, Geschichte – Gegenwart – Zukunft, 2012, S. 33 ff.

164 Zum Streikrecht von Mitarbeitern in kirchlichen Einrichtungen Bundesarbeitsgericht, Entscheidung v. 20.11.2012, Az. 1 AZR 179/11, 1 AZR 611/11, Neue Zeitschrift für Arbeitsrecht 2013, S. 448 und dazu im Vorfeld *H. Kreß*, Aktuelle Fragen des kirchlichen Arbeitsrechts, in: Zeitschrift für Rechtspolitik 2012, S. 103 (103 ff.) sowie *H. Reichold*, Neues zum Streikrecht in diakonischen Einrichtungen, in: Zeitschrift für evangelisches Kirchenrecht 57 (2012), S. 57 ff.

165 Zur Frage, ob ein Austritt aus der Körperschaft der katholischen Kirche möglich ist, ohne zugleich die Glaubensgemeinschaft zu verlassen, Bundesverwaltungsgericht, Urteil v. 26.9.2012, Az. 6 C 7.12, Neue Zeitschrift für Verwaltungsrecht 2013, S. 64 und dazu *S. Muckel,* Zukunft der Kirchensteuer oder Mitgliedschaft ohne Steuerpflicht, in: D. Birk/D. Ehlers (Hrsg.), Aktuelle Rechtsfragen der Kirchensteuer, 2012, S. 229 (235 f.); *H. Zapp,* Römisch-katholisch in Deutschland ohne Kirchensteuer – Zum religionsrechtlichen Körperschaftsaustritt, ebda., S. 237 (237 ff.); *M. Löhnig/M. Preisner,* Aus aktuellem Anlass: Zu den Folgen eines Kirchenaustritts nach den Landeskirchenaustrittsgesetzen, in: Archiv des öffentlichen Rechts 137 (2012), S. 118 ff.; *S. Muckel,* Bloßer „Körperschaftsaustritt" (nur) formal möglich: Anmerkung zu BVerwG, Urteil vom 26.9.2012, Az.: 6 C 7.12, in: Kirche & Recht 18 (2012), S. 209 ff. sowie zuletzt *P. Reimer,* Der Kirchenaustritt zwischen Landesrecht, Bundesrecht und Kirchenrecht: zugleich Besprechung von BVerwG, Urteil vom 26.9.2012 – 6 C 7.12, in: Juristenzeitung 2013, S. 136 ff.

166 Vgl. etwa zur Geheimhaltungspraxis der Mißbrauchsfälle in der katholischen Kirche *K. Kottmann/S. Schweer,* Sexueller Missbrauch Minderjähriger. Die Ausgestaltung der Dienstaufsichtspflicht des Bischofs. Zum Umgang mit Verdachtsmomenten, in: R. Ahlers/B. Laukemper-Isermann (Hrsg.), Kirchenrecht aktuell. Anfragen von heute an eine Disziplin von „gestern", 2004, S. 127 (128) sowie *N. Lüdecke/G. Bier,* Das römisch katholische Kirchenrecht. Eine Einführung, 2012, S. 238 f.; s. ferner zu den Reaktionsmöglichkeiten der Kirche *K. Lüdicke,* Kirchliches Strafrecht und sexueller Missbrauch Minderjähriger. Eine Problemanzeige, in: S. Haering u.a. (Hrsg.), In mandatis meditari. Festschrift für Hans Paarhammer, 2012, S. 619 ff.; *P. Platen,* Perspektiven für eine Reform des kirchlichen Strafrechts mit besonderem Blick auf den sexuellen Missbrauch Minderjähriger durch Geistliche, ebda., S. 639 ff.; *G. May,* Anzeige und Anzeigepflicht bei Missbrauchsfällen, ebda., S. 951 (954 ff.); *A. Loretan,* Menschenrechte, ebda., S. 275 ff.; zuletzt H. Hallermann (Hrsg.), Der Strafanspruch der Kirche in Fällen von sexuellem Missbrauch, 2012. – Aus der Perspektive des Staatskirchenrechts *M. Germann,* Die Strafverfolgung kirchlicher Mitarbeiter in Missbrauchsfällen und das Selbstbestim-

mungsrecht der Kirchen, in: Recht der Jugend und des Bildungswesens 59 (2011), S. 172 ff.

167   Zum Anspruch des Islam, eine Einheitsordnung auf-
zurichten, siehe etwa *O. Weintritt*, Islam – Über den Zusammenhang zwischen Religion und Herrschaft bzw. Staat, in: B. Ehren-
zeller u.a. (Hrsg.), Religionsfreiheit im Verfassungsstaat, 2011,
S. 27 (29); *Rhonheimer*, Christentum (Fn. 163), S. 38 f. – Wichtig
ist allerdings der Hinweis, daß mit dieser Einschätzung nicht das
Verdikt verbunden ist, „der" Islam sei deswegen nicht vereinbar
mit dem demokratischen Verfassungsstaat; statt aller *A. Flores*,
Die innerislamische Diskussion zu Säkularismus, Demokratie und
Menschenrechten, in: W. Ende / U. Steinbach (Hrsg.), Der Islam in
der Gegenwart, 5. Aufl. 2005, S. 620 (630 f.); s. auch den Beitrag von
T. Schüller, Das Staatsverständnis im Islam heute, Gibt es eine isla-
mische Demokratie?, in: I. Dingel / C. Tietz (Hrsg.), Die politische
Aufgabe von Religion. Perspektiven der drei monotheistischen
Religionen, 2011, S. 123 ff.

168   Wie hier *O. Depenheuer*, Kirche – Staat – Gesellschaft, in:
Rauscher, Handbuch (Fn. 11), S. 935 (935 f.); vgl. ferner *Rhonheimer*,
Christentum (Fn. 163), S. 38.

169   *W. Janke*, Art. Philosophie, in: G. Müller u.a. (Hrsg.),
Theologische Realenzyklopädie, Bd. XXVI, 2000, S. 531 (545 f.);
C. Schwöbel, Art. Theologie, in: Betz, RGG VIII (Fn. 103), Sp. 255
(279 f.); *T. Pröpper*, Art. Theologie u. Philosophie, II. Historisch-
theologisch, in: W. Kasper u.a. (Hrsg.), Lexikon für Theologie und
Kirche, 3. Aufl., Bd. 9, 2000, Sp. 1451 f.; *Rhonheimer*, Christentum
(Fn. 162), S. 38.

170   Wie hier *Rhonheimer*, Christentum (Fn. 163), S. 37.

171   Näher m.w.N. *F. Wittreck*, Geld als Instrument der Gerechtigkeit. Die Geldrechslehre des Hl. Thomas von Aquin in ihrem
interkulturellen Kontext, 2002, S. 60 ff., 167 ff., 275 ff., 507 ff.

172   Siehe *D. Schwab*, Der Staat im Naturrecht der Scholastik,
in: D. Klippel (Hrsg.), Naturrecht und Staat. Politische Funktionen des europäischen Naturrechts (17.–19. Jahrhundert), 2006,
S. 1 (13); *A. Kaufmann*, Problemgeschichte der Rechtsphilosophie,
in: ders. / W. Hassemer / U. Neumann (Hrsg.), Einführung in die
Rechtsphilosophie und Rechtstheorie der Gegenwart, 8. Aufl. 2011,
S. 26 (46).

173 Prägnant *C. Rapp,* Aristoteles, in: S. Gosepath / W. Hinsch / B. Rössler (Hrsg.), Handbuch der Politischen Philosophie und Sozialphilosophie, Bd. I, 2008, S. 64 (67, Rn. 3.4); s. auch *H. Ottmann,* Geschichte des politischen Denkens, Bd. 1/2: Die Griechen. Von Platon bis zum Hellenismus, 2001, S. 179 ff.; *E.-W. Böckenförde,* Geschichte der Rechts- und Staatsphilosophie. Antike und Mittelalter, 2. Aufl. 2006, S. 111 ff., 129 f. sowie *C. Baracchi,* Aristotle's Ethics as First Philosophy, Cambridge 2011, S. 131 f.

174 Zu deren Beitrag zur Menschenrechtsidee oben in Fn. 42.

175 Paradigmatisch ist hier das Schicksal des andalusischen Gelehrten *Ibn Rushd (Averroes): Wittreck,* Instrument (Fn. 171), S. 574, 581 ff. (m.w.N.).

176 Zusammenfassend *Wittreck,* Instrument (Fn. 171), S. 70 ff.; vgl. noch die neueren Beiträge von *R. Uertz,* Katholizismus und demokratischer Verfassungsstaat, in: Brocker / Stein, Christentum (Fn. 2), S. 114 (121 f.); *A. Angenendt,* Toleranz und Gewalt. Das Christentum zwischen Bibel und Schwert, 6. Aufl. 2012, S. 123 f.; *W. Waldstein,* Ins Herz geschrieben. Das Naturrecht als Fundament einer menschlichen Gesellschaft, 2010, S. 46, 59 sowie *Benedikt XVI.,* Ansprache im Deutschen Bundestag am 22.9.2011, zitiert nach: G. Essen (Hrsg.), Verfassung ohne Grund? Die Rede des Papstes im Bundestag, 2012, S. 17 (20 ff.; ebenfalls in: Benedikt XVI., Ökologie [Fn. 22], S. 26 ff.); s. dazu aber die kritische Anmerkung von *H. Dreier,* Hier irrte der Papst – Kelsen blieb bei seiner Lehre, in: FAZ Nr. 256 v. 3.11.2011, S. 8.

177 Eingehend zur Individualrechtsgeneigtheit der Lehre des Aquinaten (und ihren Grenzen) *P. Engelhardt,* Was kann die Ethik des Thomas von Aquin zur kritischen Klärung und zur Begründung der Menschenrechte beitragen?, in: Schwartländer, Freiheitsethos (Fn. 1), S. 138 ff.; *K.-W. Merks,* Zur theologischen Grundlegung der Menschenrechte in der Perspektive des Thomas von Aquin, ebda., S. 165 ff. (insb. S. 187); knapper *Kasper,* Bestimmung (Fn. 130), S. 290 ff. – Klar überzogen *Putz,* Christentum (Fn. 2), S. 59 ff., die bei Thomas „soziale Grundrechte" ortet.

178 Unterstrichen von *E. Schockenhoff,* Naturrecht und Menschenwürde, Universale Ethik in einer geschichtlichen Welt, 1996, S. 145 ff.; *G. Luf,* Rechtsphilosophische Grundlagen des Kirchenrechts, in: Listl / Schmitz, Handbuch (Fn. 163), § 4, S. 33 (35 ff.);

Uertz, Katholizismus (Fn. 176), S. 117 f.; *C. Schönberger*, Positivität des Rechts und Naturrecht im katholischen Staatsdenken, in: Rauscher, Handbuch (Fn. 11), S. 801 (804 f.).

179   Eingehend *A. Ezzati*, Islam and Natural Law, London 2002; vgl. auch *A. M. Emon, Huqūq Allāh* and *Huqūq Al-ʿIbād*: A Legal Heuristic For a Natural Rights Regime, in: Islamic Law and Society 13 (2006), S. 325 ff.

180   Zur Naturrechtsfremdheit der Orthodoxie siehe *K. Kostjuk*, Der Begriff des Politischen in der russisch-orthodoxen Tradition. Zum Verhältnis von Kirche, Staat und Gesellschaft in Rußland, 2005, S. 205 ff.

181   Dazu pointiert *H. Steubing*, Naturrecht und natürliche Theologie im Protestantismus, 1932, S. 161: „Die Frage nach der Möglichkeit eines protestantischen Naturrechts läßt sich daher [...] nur so beantworten, daß jedes Naturrecht [...] innerhalb des Protestantismus dem Wesen evangelischen Christentums widerspricht und darum unmöglich ist." – Siehe ferner *H. Dombois*, Naturrecht und Offenbarung (ev. Theologie), in: Deutsches Institut für Bildung und Wissen (Hrsg.), Naturrecht, Menschenrechte, Offenbarung, 1968, S. 89 ff. sowie *I. U. Dalferth*, Naturrecht in protestantischer Perspektive, 2008, S. 18 ff.; instruktiv zum Naturrecht als Problem für den ökumenischen Menschenrechtsdiskurs *C. E. Braaten*, Auf dem Weg zu einer ökumenischen Theologie der Menschenrechte, in: Lorenz, Menschenrecht (Fn. 84), S. 52 (59 ff.). – Ein von *Dalferth* abweichendes Bild speziell für die reformierten Gruppen zeichnet *VanDrunen*, Natural Law (Fn. 103), S. 67 ff. u. passim; vgl. zur weiteren Differenzierung *S. E. Schreiner*, Calvinʼs Use of Natural Law, in: Cromartie, Preserving Grace (Fn. 2), S. 51 ff.; *D. Westberg*, The Reformed Tradition and Natural Law, ebda., S. 103 ff. sowie die Kommentare von *T. George* und *W. Edgar*, ebda., S. 77 ff. bzw. 118 ff.

182   Locus classicus: *Jellinek*, Erklärung (Fn. 46), S. 50 ff.; ähnlich *E. R. Huber*, Bedeutungswandel der Grundrechte, in: Archiv des öffentlichen Rechts 62 (1933), S. 1 (28): „älteste[s] und vornehmste[s] Grundrecht"; *E. Troeltsch*, Die Bedeutung des Protestantismus für die Entstehung der modernen Welt, 1911, S. 60 f.: „Dabei lag es an den Verhältnissen, daß der Durchbruch dieser religiösen Freiheitsforderung in die juristische Formel auch die demokratisch-verfassungsrechtlichen Garantien mit hindurchriß

[...]" – hierzu auch *Borowski*, Glaubensfreiheit (Fn. 2), S. 65 ff.; *Hofmann*, Grundrechte (Fn. 47), S. 3181.

183 *Jellinek*, Erklärung (Fn. 46), S. 50. Grundsätzlich zustimmend etwa *Landau*, Reflexionen (Fn. 2), S. 524 f.; *M. Stolleis*, Georg Jellineks Beitrag zur Entwicklung der Menschen- und Bürgerrechte, in: S. L. Paulson / M. Schulte (Hrsg.), Georg Jellinek – Beiträge zu Leben und Werk, 2000, S. 103 (107); *Villa-Vicencio*, Christianity (Fn. 2), S. 589; *Bock*, Schwert (Fn. 53), S. 74.

184 Statt aller *Dreier* (Fn. 2), Vorb. Rn. 12. – Monokausale Erklärungsversuche werden heute allgemein als ein Irrweg angesehen; vgl. *Ernst*, Ursprung (Fn. 42), S. 238; *Stern* (Fn. 6), § 1 Rn. 13; *Frotscher/Pieroth*, Verfassungsgeschichte (Fn. 41), § 2 Rn. 26.

185 So *Kriele*, Geschichte (Fn. 3), S. 204; vgl. auch *F. Wittreck*, Freiheit der Person, in: J. Isensee / P. Kirchhof (Hrsg.), Handbuch des Staatsrechts der Bundesrepublik Deutschland, 3. Aufl., Bd. VII, 2009, § 151 Rn. 4 sowie jetzt eingehend *P. D. Halliday*, Habeas corpus: From England to Empire, Cambridge [Mass.] 2010.

186 Die relevanten Dokumente in: H. Schambeck/H. Widder/M. Bergmann (Hrsg.), Dokumente zur Geschichte der Vereinigten Staaten von Amerika, 2. Aufl. 2007, S. 110 ff., 145 ff. sowie 211 ff.; vgl. auch B. P. Poore (Hrsg.), The federal and state constitutions, colonial charters, and other organic laws of the United States, 2 Bde., 2. Aufl. Washington 1878, Nachdruck Union 2001.

187 Vgl. nochmals oben Fn. 102.

188 So *de Blois*, Freedom (Fn. 78), S. 177 f. – Zu *Roger Williams* näher *L. Moore*, Roger Williams as an Enduring Symbol for Baptists, in: Journal of Church and State 7 (1965), S. 181 ff.; *ders.*, Religionsfreiheit: Roger Williams und die revolutionäre Ära, in: Lutz, Geschichte (Fn. 103), S. 276 ff.; *Punt*, Menschenrechte (Fn. 45), S. 140 ff.; *D. H. Davis*, The Enduring Legacy of Roger Williams: Consulting America's First Separationist on Today's Pressing Church-State Controversies, in: Journal of Church and State 41 (1999), S. 201 ff. sowie zuletzt *J. M. Barry*, Roger Williams and the Creation of the American Soul. Church, State and the Birth of Liberty, New York 2012, S. 7 ff.

189 Klassisch *Minucius Felix*, Octavius (2./3. Jh. n. Chr.), 32, 2 ff. sowie *Tertullian*, Ad Scapulam 2 (ca. 214 n. Chr.): „Tamen humani iuris et naturalis potestatis est unicuique quod pota-

verit colere." – Zusammenfassend dazu H. *Cancik,* Die frühesten
antiken Texte zu den Begriffen ‚Menschenrecht', ‚Religionsfreiheit',
Toleranz, in: Girardet/Nortmann, Identität (Fn. 45), S. 94 (98 f.)
sowie (kritisch) *K. M. Girardet,* Libertas religionis. Religionsfreiheit
bei Tertullian und Laktanz, Zwei Skizzen, in: K. Muscheler (Hrsg.),
Römische Jurisprudenz – Dogmatik, Überlieferung, Rezeption.
Festschrift für Detlef Liebs, 2011, S. 205 ff.; vgl. noch *L. W. Barnard,*
Art. Apologetik, I. Alte Kirche, in: G. Krause/G. Müller (Hrsg.),
Theologische Realenzyklopädie, Bd. III, 1978, S. 371 ff. – In umge-
kehrter Perspektive fordert in der Spätantike der Philosoph und
Rhetor *Libanios* Religionsfreiheit auch für Heiden ein: H.-G. Nes-
selrath u.a. (Hrsg.), Für Religionsfreiheit, Recht und Toleranz. Li-
banios' Rede für den Erhalt der heidnischen Tempel, 2011, S. 52 ff.
(Rn. 52 ff.); vgl. zum Kontext nur *J. Hahn,* Gewaltanwendung ad
maiorem gloriam dei? Religiöse Intoleranz in der Spätantike, ebda.,
S. 227 ff.

190 Früh hervorgehoben von *J. Simon,* La liberté de conscience, 2. Aufl. Paris 1857, S. 66 f.; vgl. ferner *L. T. Johnson,* Religious
Rights and Christian Texts, in: Witte/van der Vyver, Religious Perspectives (Fn. 1), S. 65 (66); *Rhonheimer,* Christentum (Fn. 163),
S. 42. – Die tiefe Ambivalenz der frühchristlichen Forderung
nach Religionsfreiheit unterstreicht auch *Tierney,* Religious Rights
(Fn. 30), S. 20.

191 *Lactantius,* Divinae Institutiones (3./4. Jhdt. n. Chr.), 5,
19–21; dazu *E. DiPalma Digeser,* Lactantius, Porphyry, and the
debate over religious toleration, in: The Journal of Roman Studies
88 (1998), S. 129 (129); *Girardet,* Libertas (Fn. 188), S. 209 f.

192 Knappe Zusammenfassung des Standes der Debatte bei
D. Murswiek, in: Sachs, Grundgesetz (Fn. 40), Art. 2 Rn. 144 ff.;
H. D. Jarass, in: *ders./Pieroth,* Grundgesetz (Fn. 39), Art. 2 Rn. 81 f.;
Hufen, Grundrechte (Fn. 37), § 13 Rn. 6 f.

193 So namentlich der Abg. *Wagner* (SPD) in der Sitzung des
Parlamentarischen Rates v. 6.8.1949, in: Deutscher Bundestag/
Bundesarchiv (Hrsg.), Der Parlamentarische Rat 1948–1949, Akten
und Protokolle, Bd. 9, 1996, S. 481. – Instruktiv auch *C. Stewart,*
The sanctity of life in law. Comparisons between Jewish, Catholic,
Islamic and common law approaches, in: P. Radan/D. Meyer-
son/R. F. Croucher (Hrsg.), Law and Religion. God, the State and

the Common Law, London/New York 2005, S. 269 ff.; kritisch zu dieser Begründung dagegen *A. Engländer*, Grund und Grenzen der Nothilfe, 2008, S. 120.

194 *Johannes Paul II.,* Botschaft zum Weltfriedenstag 1999, in: D. Squicciarini (Hrsg.), Die Weltfriedensbotschaften Papst Johannes Paul II. 1993–2000, 2001, S. 197 f.; siehe aus jüngerer Zeit noch den Katechismus (Fn. 16), Rn. 2258 ff. – Zusammenfassend *J. Boyle*, Sanctity of Life and Authorization to Kill: Tensions and Developments in the Catholic Ethics of Killing, in: University of St. Thomas Law Journal 1 (2003–2004), S. 217 ff.; speziell zum Beitrag von Papst *Pius XII.* näher *W. Waldstein,* Das Recht auf Leben bei Pius XII., in: H. Schambeck (Hrsg.), Pius XII. zum Gedächtnis, 1977, S. 525 ff. (beide m.w.N.).

195 Die möglicherweise älteste christliche Verurteilung der Abtreibung findet sich in der Didaché 2.2 (ca. 100 n. Chr.), hier zitiert nach: Didache. Zwölf-Apostel-Lehre, übersetzt und eingeleitet von G. Schöllgen, 1991, S. 99 (103); Dokumente neueren Datums sind: Pastoralkonstitution über die Kirche in der Welt von heute „Gaudium et spes" des zweiten Vatikanischen Konzils vom 7.12.1965, in: K. Rahner/H. Vorgrimler (Hrsg.), Kleines Konzilskompendium. Sämtliche Texte des zweiten Vatikanischen Konzils, 35. Aufl. 2008, S. 449 (503); Erklärung der Glaubenskongregation zur Abtreibung „Quaestio de abortu procurato" vom 18.11.1974, in: Hünermann, Kompendium (Fn. 16), Rn. 4550 ff.; Katechismus (Fn. 16), Rn. 2270 ff., 2322 f.; im kanonischen Recht vor allem can. 1398 CIC und dazu zusammenfassend *K. Lüdicke,* in: ders. (Hrsg.), Münsterischer Kommentar zum Codex Iuris Canonici, Can. 1398 (1993), Rn. 1 ff.; zuletzt näher und kritisch *S. Demel,* Exkommunikation bei Abtreibung – eine frauenfeindliche Bestimmung? Zur Interpretation von c. 1398 CIC/1983, in: L. Müller u.a. (Hrsg.), „Strafrecht" in einer Kirche der Liebe. Notwendigkeit oder Widerspruch?, 2005, S. 117 ff. – Kritisch zur menschenrechtlichen Implikation der Kampagne der katholischen Kirche gegen Abtreibung *I. Bantekas,* Religion as a Source of International Law, in: Rehman/Breau, Religion (Fn. 8), S. 115 (131 f.).

196 Eine Herleitung des Verbots auf Selbsttötung aus dem 5. der Zehn Gebote findet sich bei *Augustinus,* hier zitiert nach der Übersetzung von W. Thimme in: *A. Augustinus*, Vom Gottesstaat

(De civitate Dei), 4. Aufl. 1977, I.20 (S. 37 ff.); vgl. dazu *R. Barry*, The Development of the Roman Catholic Teachings on Suicide, in: Notre Dame Journal of Law, Ethics & Public Policy 9 (1995), S. 449 ff.; *E. Schrage*, Suicide in Canon Law, in: Legal History 21 (2000), S. 57 ff.; *A. Holderegger*, Art. Suizid, III. Theologisch-ethisch, in: Kasper u.a., LThK IX (Fn. 169), Sp. 1106 ff. – Vgl. ferner *Johannes Paul II.*, Enzyklika „Evangelium Vitae", 1995, Rn. 66: „Nun ist Selbstmord immer ebenso sittlich unannehmbar wie Mord. Die Tradition der Kirche hat ihn immer als schwerwiegend böse Entscheidung zurückgewiesen." Zuletzt Katechismus (Fn. 16), Rn. 2280 ff.

197 *Görres-Gesellschaft* (Hrsg.), Concilium Tridentinum, Diariorum, Actorum, Epistularum, Tractatuum nova Collectio, 1901, Bd. IX, S. 1093; *E. Eichmann*, Das Strafrecht des Codex Iuris Canonici, 1920, S. 178 f.; *H. Jone*, Gesetzbuch der lateinischen Kirche, Bd. III, 2. Aufl. 1953, Kanon 2351 Anm. a. ff. (S. 604 f.); *J. F. Groner*, Die Bestimmungsmensur des heutigen Waffenstudententums im Urteil des kanonischen Rechts und der Moral, 1956, S. 1 f.

198 Vgl. jetzt den Katechismus 1993 (Fn. 16), Rn. 2266 mit *Johannes Paul II.*, Enzyklika „Evangelium Vitae", 1995, Rn. 56: „Solche Fälle sind jedoch heutzutage infolge der immer angepaßteren Organisation des Strafwesens schon sehr selten oder praktisch überhaupt nicht mehr gegeben." und dazu *S. A. Long*, „Evangelium vitae", St. Thomas Aquinas, and the death penalty, in: The Thomist 63 (1999), S. 511 (536 ff.); *P. M. Laurence*, He Beareth Not the Sword in Vain: The Church, the Courts, and Capital Punishment, in: Ave Maria Law Review 1 (2003), S. 215 (230 ff.); *H. Dreier*, in: ders. (Hrsg.), Grundgesetz-Kommentar, Bd. III, 2. Aufl. 2008, Art. 102 Rn. 4 ff., 13 sowie eingehend *E. C. Brugger*, Capital Punishment and Roman Catholic Moral Tradition, Notre Dame 2003, S. 9 ff., 141 ff.; knapper *ders.*, Rejecting the Death Penalty: Continuity and Change in the Tradition, in: Heythrop Journal XLIX (2008), S. 388 (389); zu den nunmehr weltweit zu verzeichnenden Bemühungen der Katholischen Kirche um die Abschaffung der Todesstrafe *Bantekas*, Religion (Fn. 194), S. 132 sowie *Klein*, Bedeutung (Fn. 2), S. 420. – Für die protestantische Seite vgl. *P. Althaus*, Die Todesstrafe als Problem der christlichen Ethik, 1955, S. 5 ff.; instruktiver Religionsvergleich bei *Nathan*, Changing Face (Fn. 2), S. 121 ff.

199   Vgl. nur *P. K. Koritansky,* Thomas Aquinas and the Philosophy of Punishment, Washington 2012, S. 170 ff. sowie zusammenfassend und m.w.N. nochmals *Brugger,* Capital Punishment, ebda., S. 141 ff.

200   Siehe *A. Süsterhenn / A. Arndt,* Wieder Todesstrafe?, 1957, S. 15 ff. sowie *A. Süsterhenn,* Zur Diskussion über die Todesstrafe, in: Aktuelle Rechtsproblem. Festschrift für Hubert Schorn, 1966, S. 84 (94 f.); vgl. dazu näher *F. Wittreck,* Die Todesstrafe in den deutschen Landesverfassungen, in: Jahrbuch des Öffentlichen Rechts der Gegenwart 49 (2001), S. 157 (163, 189 ff.) sowie jetzt *C. v. Hehl,* Adolf Süsterhenn (1905–1974). Verfassungsvater, Weltanschauungspolitiker, Föderalist, 2012, S. 229 f., 483 ff.

201   Im Parlamentarischen Rat beantragt die Deutsche Partei, den späteren Art. 2 Abs. 2 GG um den Satz „Das keimende Leben wird geschützt." zu ergänzen, findet dafür aber keine Mehrheit; die CDU-Vertreter gehen dabei davon aus, daß das keimende Leben ohnehin umfaßt sei: Deutscher Bundestag / Bundesarchiv (Hrsg.), Der Parlamentarische Rat 1948–1949, Akten und Protokolle, Bd. 14/ II: Verhandlungen des Hauptausschusses, 2009, S. 1298 ff.; knapper Jahrbuch des Öffentlichen Rechts der Gegenwart 1 (1951), S. 61 sowie zuletzt *H. Schulze-Fielitz,* in: Dreier, GGK I (Fn. 2), Art. 2 II Rn. 5. – Entsprechende Vorstöße der Katholischen Kirche verzeichnet *P. Mikat,* Verfassungsziele der Kirchen unter besonderer Berücksichtigung des Grundgesetzes, in: Morsey / Repgen, Christen (Fn. 2), S. 33 (42 f.).

202   Siehe *R. Brandt,* Menschenrechte und Güterlehre. Zu Geschichte und Begründung des Rechts auf *Leben, Freiheit* und *Eigentum,* in: J. Schwartländer / D. Willoweit (Hrsg.), Das Recht des Menschen auf Eigentum, 1983, S. 19 (21 ff.; Hervorherbung i.O., F.W.); *G. Hermes,* Das Grundrecht auf Schutz von Leben und Gesundheit, 1987, S. 148 ff.; *R. Peters,* Der Schutz des neugeborenen, insbesondere des mißgebildeten Kindes: ein Beitrag zur Geschichte des strafrechtlichen Lebensschutzes, 1988, S. 226 ff.; *U. Fink,* Selbstbestimmung und Selbsttötung, 1992, S. 9 ff. und 85 ff.; *H. Hofmann,* Die Pflicht des Staates zum Schutz des menschlichen Lebens, in: E. Schlüchter / K. Laubenthal (Hrsg.), Recht und Kriminalität. Festschrift für Friedrich-Wilhelm Krause, 1990, S. 115 (115 f.); *Schulze-Fielitz* (Fn. 201), Art. 2 II Rn. 1 f. – Instruktiv auch

P. Schaffer-Wöhrer, Das Recht am eigenen Leben. Eine Rechtsgeschichte von Freitod und Sterbehilfe, 2010, S. 31 ff.

203 Näher *Stern* (Fn. 6), § 1 Rn. 9 ff. sowie *Kersting*, Philosophie (Fn. 60), S. 74.

204 *J. Locke,* Two Treatises of Civil Government (1689), hrsg.
v. P. Laslett, Cambridge 1967, S. 368 f.; vgl. dazu *E. Keynes*, Liberty,
property, and privacy. Toward a jurisprudence of substantive due
process, State College 1996, S. 8 f. – Allerdings hat der in der
scholastischen Tradition gebildete *Locke* hier evtl. Anlehnung bei
Francisco Suárez gesucht; so jedenfalls *Doyle*, Suárez (Fn. 63), S. 333.

205 Einige repräsentative Beiträge: *S. Ott*, Christliche Aspekte
unserer Rechtsordnung, 1968, S. 167 ff.; *D. Schwab*, Zur Geschichte
des verfassungsrechtlichen Schutzes von Ehe und Familie, in:
W. J. Habscheid / H. F. Gaul / P. Mikat (Hrsg.), Festschrift für
Friedrich Wilhelm Bosch, 1976, S. 893 (893); *E.-W. Böckenförde*,
Elternrecht – Recht des Kindes – Recht des Staates. Zur Theorie
des verfassungsrechtlichen Elternrechts und seine Auswirkung
auf Erziehung und Schule, in: Essener Gespräche zum Thema
Staat und Kirche 14 (1980), S. 54 ff.; *H.-U. Erichsen*, Elternrecht –
Kindeswohl – Staatsgewalt, 1985; *A. v. Campenhausen / H. Steiger*,
Verfassungsgarantie und sozialer Wandel – Das Beispiel Ehe und
Familie, in: Veröffentlichungen der Vereinigung der Deutschen
Staatsrechtslehrer 45 (1987), S. 7 ff. bzw. 55 ff.; *P. Badura*, Verfas-
sungsfragen des Erziehungsrechts der Eltern, in: T. Rauscher /
H.-P. Mansel (Hrsg.), Festschrift für Werner Lorenz, 2001, S. 101 ff.;
U. Di Fabio, Der Schutz von Ehe und Familie: Verfassungsentschei-
dung für die vitale Gesellschaft, in: Neue Juristische Wochenschrift
2003, S. 993 ff.; *F. G. Nesselrode*, Das Spannungsverhältnis zwischen
Ehe und Familie in Art. 6 des Grundgesetzes, 2007; *P. Hölbling*,
Wie viel Staat vertragen Eltern? Systematische Entfaltung eines
gestuften Maßnahmenkonzepts vor dem Hintergrund des Eltern-
grundrechts, 2010; *F. Brosius-Gersdorf*, Demografischer Wandel
und Familienförderung, 2011, S. 292 ff.

206 Siehe nur die französische Erklärung der Menschen- und
Bürgerrechte von 1789 oder die belgische Verfassung von 1831;
hierzu *Böckenförde*, Elternrecht (Fn. 205), S. 55; *R. Gröschner*, in:
H. Dreier (Hrsg.), Grundgesetz-Kommentar, Bd. I, 2. Aufl. 2004,
Art. 6 Rn. 5.

207   Das Argument der SPD im Parlamentarischen Rat lautete im Kern, man habe sich unter Verzicht auf soziale Grundrechte und „Lebensordnungen" doch darauf geneinigt, lediglich die klassischen Abwehrrechte zu kodifizieren; die Aufnahme des späteren Art. 6 GG sei insofern abredewidrig: Jahrbuch des Öffentlichen Rechts der Gegenwart 1 (1951), S. 94.

208   Dazu *Sutter,* Entwicklung (Fn. 43), S. 166 ff.; *H. Coing,* Die Auseinandersetzungen um kirchliches und staatliches Eherecht im Deutschland des 19. Jahrhunderts, in: Dilcher/Staff, Christentum (Fn. 79), S. 360 (366 ff.); *D. S. Browning,* Family Law and Christian Jurisprudence, in: Witte/Alexander, Christianity and Law (Fn. 2), S. 163 ff. – Vgl. aus der staatsrechtlichen Literatur noch *W. Höfling,* Elternrecht, in: Isensee/Kirchhof, HStR VII (Fn. 185), § 155 Rn. 1 f.

209   *K. Gotto,* Die katholische Kirche und die Entstehung des Grundgesetzes, in: A. Rauscher (Hrsg.), Kirche und Katholizismus 1945–1949, 1977, S. 88 (99 ff.); *B. van Schewick,* Die katholische Kirche und die Entstehung der Verfassungen in Westdeutschland 1945–1950, 1980, S. 111 ff.; *Mikat,* Verfassungsziele (Fn. 201), S. 64. Einschränkend aber *I. v. Münch,* Christliches, sozialistisches und liberales Gedankengut im deutschen Verfassungsrecht nach 1945, in: H. Butzer (Hrsg.), Organisation und Verfahren im sozialen Rechtsstaat, Festschrift für Friedrich E. Schnapp, 2008, S. 195 (200), der zumindest eine *unmittelbare* Einflußnahme der christlichen Kirchen auf die Verfassunggebung verneint. – Differenziert fällt die kirchliche „Erfolgsbilanz" bei den vorgrundgesetzlichen Landesverfassungen aus: Mit der Ausnahme von Hessen (1946) und Bremen (1947) geben sie sich zumeist prononciert kirchenfreundlicher als das Grundgesetz: *B. Beutler,* Die Stellung der Kirchen in den Länderverfassungen der Nachkriegszeit, in: Rauscher, Kirche, ebda., S. 26 (33 ff.); vgl. auch *van Schewick,* Kirche, ebda., S. 31 ff. – Zum protestantischen Einfluß eingehend *H. Noormann,* Protestantismus und politisches Mandat 1945–1949, 1985, Bd. 1, S. 232 ff.; einschlägige (kommentierte) Stellungnahmen in Bd. 2, S. 245 ff.

210   Dies gilt etwa für die Bestimmung des Verhältnisses zwischen dem elterlichen Erziehungsrecht (Art. 6 Abs. 2 GG) und dem staatlichen Erziehungsmandat (Art. 7 Abs. 1 GG). So griffen erste Kommentierungen des Grundgesetzes die Auffassung der katholischen Soziallehre in der Weimarer Republik auf, wonach

das Elternrecht das staatliche Recht brechen sollte (statt vieler
A. *Hamann*, Das Grundgesetz für die Bundesrepublik Deutschland,
1. Aufl. 1956, Art. 6 Anm. 4: Art. 6 Abs. 2 sei „ein echtes Grundrecht
[…] *vorstaatlichen* [Hervorhebung i.O., F. W.] Charakters"; dem
Staat stehe ein solches Erziehungsrecht „nur stellvertretend und
subsidiär" zu; gleichsinnig F. *Giese*, Grundgesetz für die Bundesrepublik Deutschland, 4. Aufl. 1955, Art. 6 Anm. 2). Die einpräg-
same Formulierung, „Elternrecht bricht Schulrecht", entstammt in
diesem Zusammenhang einem Hirtenbrief des Münchener Kar-
dinals *Michael Faulhaber* vom 29.1.1919 (auszugsweise abgedruckt
in: Huber/Huber, Staat und Kirche [Fn. 163], Bd. IV, 1988, S. 91f.).
Nach dieser Auffassung sollte mit der Wendung des „natürlichen
Elternrechts" auf seine naturrechtliche Verwurzelung hingedeu-
tet werden, die dem Staatsrecht *a priori* übergeordnet sei; allein
das kirchliche Recht könne dagegen dem Naturrecht Schranken
setzen. – Siehe bereits zu Weimarer Zeit kritisch hierzu: H. *Hick-
mann*, Das Elternrecht in der neuen Schulverfassung, 1926, S. 20ff.;
G. *Holstein*, Elternrecht, Reichsverfassung und Schulverwaltungs-
system, in: Archiv des öffentlichen Rechts 12 (1927), S. 187ff.

211 Diese Konnotation bei E. *Stein*, Die rechtsphilosophi-
schen und positiv-rechtlichen Grundlagen des Elternrechts, in:
ders./W. Joest/H. Dombois, Elternrecht, 1958, S. 5 (10): „Als fami-
liäres Urrecht oder Menschenrecht" beruht das Elternrecht „auf
der biologischen, sittlichen und religiösen Ordnung". Eingehend
und abgewogen M. *Jestaedt,* in: W. Kahl/C. Waldhoff/C. Walter
(Hrsg.), Bonner Kommentar zum Grundgesetz, Art. 6 Abs. 2 und
3 (1995), Rn. 5ff.

212 *Pius XII.,* Heiligkeit und Zweck der Ehe (1941), in:
A. F. Utz/J.-F. Groner (Hrsg.), Aufbau und Entfaltung des gesellschaftlichen Lebens. Soziale Summe Pius XII., 2. Aufl. 1954, S. 416
(418 [Rn. 849]; Hervorhebung i.O., F. W.); die Freiheit zum Schluß
des Ehebundes unterstreichen auch cann. 219, 1057, 1058 CIC/1983
sowie der Katechismus (Fn. 16), Rn. 1625, 1627 f.; mittelalterliche
Quellen bei *Landau,* Reflexionen (Fn. 2), S. 525; vgl. *dens.,* Hadrians
IV. Dekretale ‚Dignum est' (X.4.9.1.) und die Eheschließung Un-
freier in der Diskussion von Kanonisten und Theologen des 12.
und 13. Jahrhunderts, in: Collectanea Stephan Kuttner II, Bologna
1967, S. 511 (514ff.). – Aus der Literatur S. *Bista,* Der Eherechtskom-

petenzanspruch des Staates im Lichte der Grundrechte des Menschen, in: Corecco/Herzog/Scola, Grundrechte (Fn. 1), S. 1023 ff.; *K. Lüdicke,* in: ders., Kommentar (Fn. 195), Can. 1058 (1984), Rn. 1 ff.; *H. Zapp,* Das kanonische Eherecht, 7. Aufl. 1988, S. 42 ff.; *W. Aymanns,* Kanonisches Recht. Lehrbuch aufgrund des Codex Iuris Canonici, Bd. III, 2007, § 135 (S. 355 f.); *Helmholz,* Human rights (Fn. 43), S. 108 f. – Kritisch *Coriden,* Menschenrechte (Fn. 1), S. 236: Dieses Menschenrecht werde Klerikern vorenthalten.

213   Eingehend *C. J. Reid,* Power over the Body, Equality in the Family. Rights and Domestic Relations in Medieval Canon Law, Grand Rapids/Cambridge 2004, S. 25 ff. sowie *J. Witte,* From Sacrament to Contract. Marriage, Religion, and Law in the Western Tradition, 2. Aufl. Louisville 2012, S. 77 ff.; vgl. ferner *W. Müller-Freienfels,* Ehe und Recht, 1962, S. 11 ff.; *G. Dilcher,* Ehescheidung und Säkularisation, in: Dilcher/Staff, Christentum (Fn. 79), S. 304 (313); *D. S. Browning,* Modern Law and Christian Jurisprudence on Marriage and Family, in: Emory Law Journal 58 (2008–2009), S. 31 (41). – Zum Beharren der Kirche darauf, daß auch die Ehen von Sklaven gültig waren und Schutz verdienten, zuletzt *D. d'Avray,* Slavery, Marriage, and the Holy See: from the Ancient World to the New World, in: Rechtsgeschichte 20 (2012), S. 347 ff.

214   Daß namentlich das Festhalten an der Unauflöslichkeit der Ehe faktisch einen Schutz der Frau gegen die schlichte Verstoßung impliziert, unterstreicht *Dilcher,* Ehescheidung (Fn. 212), S. 316 f.; gleichsinnig *T. Mayer-Maly,* Christentum und Privatrechtsentwicklung, in: Tomandl, Einfluss (Fn. 71), S. 39 (55) sowie *Reid,* Power (Fn. 213), S. 99 ff., 150 f. (m.w.N.). – Zu gegenläufigen Tendenzen *J. Bethke Elshtain,* Thinking About Women, Christianity, and Rights, in: Witte/van der Vyver, Religious Perspectives (Fn. 1), S. 143 (144 ff.); *M. C. Green,* Christianity and the rights of women, in: Witte/Alexander, Christianity and Human Rights (Fn. 2), S. 302 (303 ff.).

215   Zum „Elternrecht" *Pius XI,* Rundschreiben „Divini illius Magistri (1929), in: E. Marmy (Hrsg.), Mensch und Gemeinschaft in christlicher Schau, 1945, S. 303 (316, Rn. 428) sowie erneut *Pius XII.,* Rechte und Pflichten der Familie (1951), in: Utz/Groner, Aufbau (Fn. 212), S. 615 (617 [Rn. 1257]); Erklärung des 2. Vatikanischen Konzils „Gravissimum educationis" über die christliche

Erziehung (1965), in: Rahner/Vorgrimler, Konzilskompendium (Fn. 16), S. 335 (338 [Rn. 3]); cann. 226 § 2, 793 § 1, 1136 CIC/1983; Katechismus (Fn. 16), Rn. 2223: „Die Eltern sind die Erstverantwortlichen für die Erziehung ihrer Kinder." – Dazu *H. J. F. Reinhardt,* in: Lüdicke, Kommentar (Fn. 195), Can. 226 (1984), Rn. 3 f.; *H. Mussinghoff,* ebda., vor [Can.] 793/1 (1986), Rn. 2 sowie Can. 793 (1986), Rn. 1 ff.; *F. G. Morrisey,* The Rights of Parents in the Education of their Children (Canons 796–806), in: Studia Canonica 23 (1989), S. 429 ff. sowie *V. Ladenthin,* Der Erziehungsauftrag der Familie, in: Rauscher, Handbuch (Fn. 11), S. 331 ff. – Für die protestantische Perspektive statt aller *H. Dombois,* Gedanken über eine evangelische Begründung des Elternrechts, in: Stein/Joest/ders., Elternrecht (Fn. 211), S. 73 ff. sowie *I. Röbbelen,* Zum Problem des Elternrechts. Ein Beitrag aus evangelischer Sicht, 1966, S. 165 ff.

216 Nochmals *Pius XII.,* Rechte (Fn. 215), Rn. 1257: „... und folglich auch das Recht der katholischen Eltern auf die katholische Schule"; gleichsinnig *Faulhaber,* Hirtenbrief (Fn. 210), S. 91 (Pflicht, Kinder zum Besuch des Religionsunterrichts anzuhalten); aus der Literatur für diesen Konnex *Gotto,* Kirche (Fn. 209), S. 101 f.; *Mikat,* Verfassungsziele (Fn. 201), S. 64; luzide zuletzt *Foljanty,* Recht (Fn. 90), S. 103 f., 105 f.

217 *Pius XII.,* Rechte (Fn. 215), Rn. 1257; Gravissimum (Fn. 215), Rn. 6 (S. 341); cann. 226 § 2, 793 § 1 CIC/1983; Katechismus (Fn. 16), Rn. 2229; siehe auch *Mikat,* Verfassungsziele (Fn. 201), S. 62; *Morrisey,* Rights (Fn. 215), S. 434 f. sowie *J. Vries,* Die christliche Familie aus kanonistischer Sicht, in: W. Aymanns/K.-T. Geringer (Hrsg.), Iuri Canonico Promovendo. Festschrift für Heribert Schmitz, 1994, S. 97 (105 f.).

218 *M. Burgi,* in: K. H. Friauf/W. Höfling (Hrsg.), Berliner Kommentar zum Grundgesetz, Art. 6 (2002), Rn. 29 ff.; *J. Ipsen,* Ehe und Familie, in: Isensee/Kirchhof, HStR VII (Fn. 185), § 154 Rn. 47 ff.; *Gröschner* (Fn. 206), Art 6 Rn. 5 f.

219 Näher *Hofmann,* Einführung (Fn. 60), S. 157; *R. Brandt,* Eigentumstheorien von Grotius bis Kant, 1974, S. 21 ff.; *W. Kersting,* Das Eigentum und seien Formen – Philosophische Begründungen, in: Rauscher, Handbuch (Fn. 11), S. 501 (503 ff.) sowie die Beiträge in Schwartländer/Willoweit, Eigentum (Fn. 202); eingehend zur

Ideen- und Verfassungsgeschichte auch *K. Stern,* Das Staatsrecht der Bundesrepublik Deutschland, Bd. IV/1, 2006, S. 2141 ff.

220 Zusammenfassend zum folgenden *F. Beutter,* Die Eigentumsbegründung in der Moraltheologie des 19. Jahrhunderts, 1971, S. 33 ff., 86 ff.; *A. F. Utz / B. Gräfin v. Galen,* Sozialethik, Bd. IV: Wirtschaftsethik, 1994, S. 99 ff.; *A. Rauscher,* Die christliche Lehre über das Eigentum, in: ders., Handbuch (Fn. 11), S. 511 ff.; *F. S. Alexander,* Property and Christian Theology, in: Witte / ders., Christianity (Fn. 2), S. 205 ff.; siehe ferner *B. Matz,* The Principle of Detachment from Private Property in Basil of Caesarea's *Homily* 6 and Its Context, in: Leemans / Matz / Verstraeten, Patristic Texts (Fn. 154), S. 161 (161 ff.).

221 Konkret geht es um das Kernargument, daß das Eigentum durch (eigenhändige) Arbeit begründet wird (*J. Locke,* Two Treatises of Government [1690], Cambridge 1964, II §§ 27 ff. [S. 305 ff.]); vgl. zur Relevanz dieser Begründung nur *Stern,* Staatsrecht IV/1 (Fn. 218), S. 2143 sowie *J. Wieland,* in: Dreier, GG I (Fn. 2), Art. 14 Rn. 1.

222 Vgl. dazu *O. Langholm,* The legacy of scholasticism in economic thought, Cambridge 1998, S. 164 ff. sowie *Wittreck,* Instrument (Fn. 171), S. 704; instruktiv auch *B. Tierney,* Dominion of Self and Natural Rights Before Locke and After, in: Mäkinen / Korkman, Transformations (Fn. 43), S. 173 (177 ff.). – Dies übersieht etwa *Fortin,* Sacred (Fn. 72), S. 214 f., wenn er „Rerum Novarum" hier eine Anleihe bei Locke unterstellt: Leo XIII. schöpft aus der eigenen Tradition.

223 Wobei *John Locke* selbst immerhin die Schuld anerkannt hat, in der die Aufklärungsphilosophie gegenüber der Offenbarung steht: *ders.,* The Reasonableness of Christianity, as delivered in the Scriptures (1695), in: The Works of John Locke, London 1823, Bd. 7, S. 1 (145): „He that travels the roads now, applauds his own strength and legs that have carried him so far in such a scantling of time, and ascribes all to his own vigour; little considering how much he owes to their pains, who cleared the woods, drained the bogs, built the bridges, and made the ways passable; without which he might have toiled much with little progress. […] It is no diminishing to revelation, that reason gives its suffrage too to the truths revelation has discovered. But it is our mistake to think, that because reason

confirms them to us, we had the first certain knowledge of them
from thence; and in that clear evidence we now possess them."
    224   Aus der einschlägigen Literatur: *G. Schwerdtfeger*, Die
dogmatische Struktur der Eigentumsgarantie, 1983; *A. v. Brünneck*,
Die Eigentumsgarantie des Grundgesetzes, 1984; *H. Maurer*, Ent-
eignungsbegriff und Eigentumsgarantie, in: ders. (Hrsg.), Das ak-
zeptierte Grundgesetz. Festschrift für Günter Dürig, 1990, S. 293 ff.;
L. Osterloh, Eigentumsschutz, Sozialbindung und Enteignung bei
der Nutzung von Boden und Umwelt, in: Deutsches Verwaltungsblatt 1991, S. 906 ff.; *D. Ehlers*, Eigentumsschutz, Sozialbindung
und Enteignung bei der Nutzung von Boden und Umwelt, in:
Veröffentlichungen der Vereinigung der Deutschen Staatsrechtslehrer 51 (1992), S. 211 ff.; *W. Leisner*, Eigentum: Grundlage der
Freiheit, Erstveröffentlichung 1994, in: J. Isensee (Hrsg.), Schriften
zu Eigentumsgrundrecht und Wirtschaftsverfassung 1970–1996,
1996, S. 21 ff.; *ders.*, Eigentum, in: J. Isensee/P. Kirchhof (Hrsg.),
Handbuch des Staatsrechts der Bundesrepublik Deutschland, Bd.
VIII, 3. Aufl. 2010, § 173; *L. Lau*, Die Sozialpflichtigkeit des Eigentums, 1997; *H. D. Jarass*, Inhalts- und Schrankenbestimmung oder
Enteignung?, in: Neue Juristische Wochenschrift 2000, S. 2841 ff.;
A. v. Arnauld, Enteignender und enteignungsgleicher Eingriff
heute, in: Verwaltungsarchiv 93 (2002), S. 394 ff.
    225   Art. 15 GG ist vereinzelt als „Sozialentwährung" an-
gesprochen worden, die auf eine Entprivatisierung des Vermögens
ziele: *H. K. J. Ridder*, Enteignung und Sozialisierung, in: Veröffentlichungen der Vereinigung der Deutschen Staatsrechtslehrer 10
(1952), S. 124 (140); hierzu auch *J. Wieland*, in: Dreier, GGK I
(Fn. 2), Art. 15 Rn. 1.
    226   Zur Entstehungsgeschichte zuletzt *H.-P. Schneider*, „Ei-
gentum verpflichtet." – Zur Entstehung von Artikel 14 Absatz 2
Grundgesetz, in: F.-J. Peine/H. A. Wolff (Hrsg.), Nachdenken über
Eigentum. Festschrift für Alexander v. Brünneck, 2011, S. 67 ff.
    227   Siehe nur *Pius XII*, Rundfunkansprache „La solen-
nita (1941), in: Marmy, Gemeinschaft (Fn. 215), S. 533 (541 f.
[Rn. 782 f.]). – Näher *Beutter*, Eigentumsbegründung (Fn. 219),
S. 133 ff.; *Engelhardt*, Ethik (Fn. 176), S. 162 f. sowie *F. Focke*, Sozia-
lismus aus christlicher Verantwortung, 2. Aufl. 1981, S. 227 ff. – Zur
zugrundeliegenden Idee eines christlichen „Urkommunismus"

bzw. einer Tradition der Ablehnung oder zumindest spürbaren Einschränkung des Privateigentums näher *Schrey,* Gerechtigkeit (Fn. 83), S. 133 f.; *J. Wiemeyer,* Art. Eigentum, III. Theologischethisch, in: Kasper u.a., LThK III (Fn. 136), Sp. 532 (533); *J. Lockwood O'Donovan,* Christian Platonism and Non-proprietary Community (1998), in: O. O'Donovan / dies., Bonds of Imperfection. Christian Politics, Past and Present, Grand Rapids / Cambridge 2004, S. 73 (78 ff.).

228   Eingehend und auf reiches Archivmaterial gestützt *J.-D. Kühne,* Die Genese des Eigentumsschutzes in der Weimarer Reichsverfassung, in: Peine / Wolff, Nachdenken (Fn. 226), S. 37 (42 ff.). Zu *Beyerle* näher *A. Laufs,* Konrad Beyerle: Leben und Werk, in: C. Bauer / A. Hollerbach / ders., Gestalten und Probleme katholischer Rechts- und Soziallehre, 1977, S. 21 ff.; zu seiner Rolle beim Zustandekommen der staatskirchenrechtlichen Bestimmungen der Weimarer Reichsverfassung (und damit des Grundgesetzes, vgl. Art. 140 GG) *F. Wittreck,* Bonn ist doch Weimar. Die Religionsfreiheit im Grundgesetz als Resultat von Konflikt und Kontroverse, in: A. Reuter / H. G. Kippenberg (Hrsg.), Religionskonflikte im Verfassungsstaat, 2010, S. 66 (74 f.).

229   Vgl. zusammenfassend *C. Hillgruber,* in: T. Maunz / G. Dürig (Begr.), Grundgesetz, Art. 92 (2007), Rn. 5; *Hufen,* Grundrechte (Fn. 37), § 21; *M. Möstl,* Grundrechtliche Garantien im Strafverfahren, in: Isensee / Kirchhof, HStR VIII (Fn. 224), § 179 Rn 53 ff.; *D. Schroeder,* Die Justizgrundrechte des Grundgesetzes, in: Juristische Arbeitsblätter 2010, S. 167 ff.; zuletzt eingehend *S. Löhr,* Prozeßgrundrechte in Deutschland, Frankreich und England: eine rechtsvergleichende Untersuchung, 2012, S. 30 ff.

230   Dazu nur *M. Kaser,* Das römische Zivilprozeßrecht, 1966, S. 6 ff.; *H. Siems,* Anmerkung zur Entwicklung von Rückwirkungsverboten, in: Muscheler, Jurisprudenz (Fn. 189), S. 591 (595 ff.); zuletzt *E. Metzger,* Remedy of prohibition against Roman judges in civil trials, in: P. Brand / J. Getzler (Hrsg.), Judges and judging in the history of the common law and civil law: from antiquity to modern times, Cambridge / New York, 2012, S. 177 (182 ff.; dort auch w.N.). – Kritisch *A. Gouron,* Le droit romain a-t-il été la „servante" du droit canonique?, in: Initium. Revista catalana d'història del dret 12 (2007), S. 231 ff.

231 Näher *H. Liermann,* Das kanonische Recht als Grund-
lage europäischen Rechtsdenkens, in: Zeitschrift für evangelisches
Kirchenrecht 6 (1957/58), S. 37 ff.; *K. Pennington,* Due Process,
Community, and the Prince in the Evolution of the *Ordo iudiciarius,*
in: Rivista internazionale di diritto comune 9 (1989), S. 9 (11 ff.);
H. J. Berman, Recht und Revolution [I]. Die Bildung der westlichen
Rechtstradition, 1991, S. 405 ff.; *P. Landau,* Der Einfluß des kanonischen Rechts auf die europäische Rechtskultur, in: R. Schulze
(Hrsg.), Europäische Rechts- und Verfassungsgeschichte. Ergebnisse
und Perspektiven der Forschung, 1991, S. 39 ff.; *ders.,* Die Bedeutung
des kanonischen Rechts für die Entwicklung einheitlicher Rechtsprinzipien, in: H. Scholler (Hrsg.), Die Bedeutung des kanonischen
Rechts für die Entwicklung einheitlicher Rechtsprinzipien, 1996,
S. 23 ff.; *H. Dreier,* Kanonistik und Konfessionalisierung – Mark-
steine auf dem Weg zum Staat, in: Juristenzeitung 2002, S. 1 (2);
U. Müßig, Gesetzlicher Richter ohne Rechtsstaat? – Eine historisch-
vergleichende Spurensuche, 2007, S. 14 ff.; *P. Landau,* Die Anfänge
der Prozessrechtswissenschaft in der Kanonistik des 12. Jahrhun-
derts, in: O. Condorelli/F. Roumy/M. Schmoeckel (Hrsg.), Der
Einfluss der Kanonistik auf die europäische Rechtskultur, Bd. 1:
Zivil- und Zivilprozessrecht, 2009, S. 7 ff.; *M. Schmoeckel,* Proof,
procedure, and evidence, in: Witte/Alexander, Christianity and Law
(Fn. 2), S. 143 (147 ff.); *Helmholz,* Human rights (Fn. 43), S. 107 f.;
W. Decock, From Law to Paradise: Confessional Catholicism and
Legal Scholarship, in: Rechtsgeschichte 18 (2011), S. 12 (12 ff.); vgl.
ferner die Beiträge in: W. P. Müller/M. E. Sommar (Hrsg.), Medieval
Church Law and the Origins of the Western Legal Tradition, Wa-
shington 2006 sowie in M. Schmoeckel/O. Condorelli/F. Roumy
(Hrsg.), Der Einfluss der Kanonistik auf die europäische Rechtskul-
tur, Bd. 3: Straf- und Strafprozessrecht, 2012. – Weitere Rechtsgaran-
tien vor Gericht formuliert in der Neuzeit der Jesuit *Friedrich Spee*
in seinem Kampf gegen die Hexenprozesse: G. Franz, „Ad magi-
stratus Germaniae hoc tempore necessarius". Christliche Obrigkeit,
Staat und Menschenrechte bei Friedrich Spee, in: M. Wallerath
(Hrsg.), Fiat iustitia. Recht als Aufgabe der Vernunft. Festschrift für
Peter Krause, 2006, S. 533 (546).

232 Die Originalfassung dieses Grundsatzes lautet *bis de
eadem re ne sit actio* und ist noch im Studienbuch von *C. Roxin* zu

finden, vgl. *ders.*, Strafverfahrensrecht, 26. Aufl. 2009, § 52 Rn. 6;
siehe auch W. *Bauer*, Der prozessuale Tatbegriff, in: Neue Zeitschrift für Strafrecht 2003, S. 174 (175).

233   Heute Art. 103 Abs. 3 GG. – Im klassischen römischen
Recht ist damit in erster Linie wohlgemerkt der Ausschluß jedes
Instanzenzuges gemeint: *Kaser*, Zivilprozeßrecht (Fn. 230), S. 59 f.,
229 ff. (m.w.N.). – Zur Genese des modernen Verständnisses wie
dem Einfluß der Kanonistik P. *Landau*, Ursprünge und Entwicklung des Verbotes doppelter Strafverfolgung wegen desselben Ver-
brechens in der Geschichte des kanonischen Rechts, in: Zeitschrift
der Savigny-Stiftung für Rechtsgeschichte, Kanonistische Abteilung 56 (1970), S. 124 (152); G. *Schwarplies*, Die rechtsgeschichtliche
Entwicklung des Grundsatzes „ne bis in idem" im Strafprozeß,
Diss. iur. Zürich 1970, S. 22 ff.; H. *Schulze-Fielitz*, in: Dreier, GGK
III (Fn. 198), Art. 103 III Rn. 1 ff.

234   Heute Art. 103 Abs. 2 GG; vgl. zum ideen- und verfassungsgeschichtlichen Hintergrund G. *Schöckel*, Die Entwicklung
des strafrechtlichen Rückwirkungsverbots bis zur französischen
Revolution, 1968, S. 5 ff., 41 ff.; A. *Thier*, Zeit und Recht im „ius
commune" – Entwicklungsstufen des Rückwirkungsverbotes in der
Kanonistik, in: O. Condorelli (Hrsg.), „Panta Rei". Studi dedicati
a Manlio Bellomo, Bd. 5, Rom 2004, S. 383 (387 ff.) sowie *Siems*,
Anmerkung (Fn. 229), S. 592 f.; siehe noch *Hufen*, Grundrechte
(Fn. 37), § 21 Rn. 52, der in dem Grundsatz „ein typisches ‚Gewächs
der Aufklärung'" erkennt.

235   Heute Art. 103 Abs. 1 GG. Im altdeutschen Recht findet der
Anspruch auf rechtliches Gehör eine Parallele in dem Sprichwort:
„Eines Mannes Rede ist keine Rede, Man soll sie billig hören Beede!",
so in etwas anderer Formulierung als Mahnung an die Delegierten
im Friedenssaal des Rathauses zu Münster; siehe hierzu sowie zum
verfassungsgeschichtlichen Hintergrund: F.-L. *Knemeyer*, Rechtliches Gehör im Gerichtsverfahren, in: Isensee/Kirchhof, HStR VIII
(Fn. 224), § 178 Rn. 7 ff. – Speziell zur kanonistischen „Vorspurung"
H.-J. *Becker*, Das rechtliche Gehör. Der Beitrag des kanonischen
Rechts zur Entstehung einer grundlegenden Maxime des modernen
Prozeßrechts, in: J. Hausmann/T. Krause (Hrsg.), „Zur Erhaltung
guter Ordnung". Beiträge zur Geschichte von Recht und Justiz. Festschrift für Wolfgang Sellert, 2000, S. 67 (69 ff.).

236   Heute Art. 101 Abs. 1 S. 2 GG; siehe zum ideen- und
verfassungsgeschichtlichen Hintergrund *U. Müßig [vormals Seif]*,
Recht und Justizhoheit. Historische Grundlagen des gesetzlichen
Richters in Deutschland, England und Frankreich, 2. Aufl. 2009,
S. 44 ff.; *dies.*, Richter (Fn. 159), S. 14 ff.; *H. Schulze-Fielitz*, in:
Dreier, GGK III (Fn. 198), Art. 101 Rn. 1 ff.; *Hufen*, Grundrechte
(Fn. 37), § 21 Rn. 21. Instruktiv auch *I. Pérez de Heredia y Valle*,
Die Ablehnung des kirchlichen Richters im Frühmittelalter, in:
Aymanns / Geringer, Iure (Fn. 217), S. 675 ff.

237   Dazu eingehend und m.w.N. jetzt *J. Q. Whitman*, The
origins of reasonable doubt. Theological roots of the criminal trial,
New Haven / London 2008, S. 91 ff. – Vgl. zum geltenden Recht nur
die jüngste Darstellung von *P. Schwabenbauer*, Der Zweifelssatz im
Strafprozessrecht, 2012, S. 13 ff. u. passim.

238   Beispielsweise wird das Recht auf rechtliches Gehör auf
die „Vorladung" Adams gestützt, den Gott nach dem „Sündenfall"
zunächst zu sich ruft (Genesis 3, 9): „Jahwe Gott aber rief dem
Menschen zu und sprach zu ihm ‚Wo bist du?'". Auf diese Stelle
stützen sich u.a. *Gratian* (Decretum, De penitentia 3.36), *Pau-
capaela* (J. F. v. Schulte [Hrsg.], Summa über das Decretum Gra-
tiani, 1890, S. 1) sowie *Stephan von Tournai* (siehe *H. Kalb*, Studien
zur Summa Stephans von Tournai: Ein Beitrag zur kanonistischen
Wissenschaftsgeschichte des späten 12. Jahrhunderts, 1983, S. 114);
zusammenfassend *Becker*, Gehör (Fn. 235), S. 72 ff.

239   Siehe konkret die Dekretalen *Pastoralis cura* (Clem. 2.11.2)
sowie *Saepe contingit* (Clem. 5.11.2); dazu nochmals *Becker*, Gehör
(Fn. 235), S. 76 ff.; vgl. auch *Pennington*, Due Process (Fn. 231),
S. 17 ff. sowie *Thier*, Zeit (Fn. 234), S. 401 f. Als Beispiel für eine
naturrechtliche Fundierung von Richterpflichten bzw. Rechten vor
Gericht sei ferner *Thomas v. Aquin* angeführt: *ders.*, Summa Theo-
logiae II-II qu. 67 und dazu außer dem Kommentar von *A. F. Utz*,
in: Albertus-Magnus Akademie (Hrsg.), Die Deutsche Thomas-
Ausgabe, Bd. 18, 1953, S. 401 (531 ff.) noch *C. P. Nemeth*, Aquinas in
the Courtroom: Lawyers, Judges, and Judicial Conduct, Westport
[Conn.] / London 2001, S. 127 ff. – Zusammenfassend die magi-
strale Studie von *R. Weigand*, Die Naturrechtslehre der Legisten
und Dekretisten von Irnerius bis Accursius und von Gratian bis
Johannes Teutonicus, 1967.

240   Im Prozeßrecht der römisch-katholischen Kirche ist etwa der Grundsatz „nulla poena sine lege praevia" durch can. 1399 nur eingeschränkt verwirklicht und steht unter dem Vorbehalt der Bestrafung besonders schwerer Verletzungen göttlicher oder kanonischer Gesetze, mit dem Ziel „scandala praeveniendi vel reparandi". Näher *J. Arias Gomez,* Proteccion juridica de los derechos fundamentales. Principio de legalidad penal, in: Corecco/Herzog/Scola, Grundrechte (Fn. 1), S. 461ff.; *T. J. Green,* Penal Law: A Review of Selected Themes, in: The Jurist 50 (1990), S. 221 (244ff.); *R. Sebott,* Das kirchliche Strafrecht, 1992, S. 233ff.; *W. Rees,* Grundfragen des kirchlichen Strafrechts, in: Listl/Schmitz, Handbuch (Fn. 163), § 105, S. 1117 (1121f.) sowie *B. Eicholt,* Geltung und Durchbrechungen des Grundsatzes „Nullum crimen nulla poena sine lege" im kanonischen Recht, insbesondere in c. 1399 CIC/1983, 2006; dezidiert kritisch *K. Lüdicke,* in: ders., Kommentar (Fn. 195), Can. 1399 (1993), Rn. 2, 4 (m.w.N. in Rn. 3).

IV. Christentum und Menschenrechte: Geltung

241   Dies unterstreichen *Höver,* Kirche (Fn. 1), S. 357; *N. Greinacher,* Christenrechte in der Kirche, in: Theologische Quartalschrift 163 (1983), 189 (199); *Pfürtner,* Menschenrechte (Fn. 85), S. 231; *Coriden,* Menschenrechte (Fn. 1), S. 234f.; *B. Quelquejeu,* Aussöhnung mit den Menschenrechten, Mißachtung der „Christenrechte": Die römische Inkonsequenz, in: Concilium 1 (1989), S. 78 (78); *P. Krämer,* Menschenrechte in der Kirche, in: Gewissen und Freiheit 33 (1989), S. 19 (24ff.); *H. Heinemann,* „Die Entwicklung der Grundrechte im kanonischen Recht" – vor dem CIC/1983 und durch den CIC/1983 und unter Berücksichtigung der gescheiterten Lex Ecclesiae Fundamentalis, in: Landeskirchenvorstand, Wort (Fn. 25), S. 63 (81).

242   Etwa § 2 der Verfassung der Evangelisch-Reformierten Kirche; zur Gleichstellung von Mann und Frau § 11 der Verfassung der Evangelisch-Lutherischen Kirche in Bayern. – Vgl. *Stolz,* Menschenrechte (Fn. 86), S. 115ff.; *G. Wendt,* Die Rechtsstellung des Gemeindeglieds, in: G. Rau/H.-R. Reuter/K. Schlaich (Hrsg.), Das Recht der Kirche, Bd. III, 1994, S. 19 (40ff.); *Honecker,* Kirchenrecht

(Fn. 59), S. 180 ff.; eigener Katalog bei *Huber,* Gerechtigkeit (Fn. 16), S. 524 ff.

243   Dazu *Heinemann,* Entwicklung (Fn. 241), S. 68 ff.; *P. Krämer,* Art. Lex Ecclesiae fundamentalis, in: W. Kasper u.a. (Hrsg.), Lexikon für Theologie und Kirche, 3. Aufl., Bd. 6, 1997, Sp. 870 f.; *H. J. F. Reinhardt,* in: Lüdicke, Kommentar (Fn. 194), Einführung vor [can.] 208 (1987), Rn. 3; *F. C. v. Batemberg,* Der Rechtsstatus des Laien im katholischen Kirchenrecht, 2007, S. 69 ff.; *W. Aymans,* Kanonisches Recht. Lehrbuch aufgrund des Codex Iuris Canonici, Bd. II, 1997, § 48, S. 2 (3 ff.); *S. Demel,* Handbuch Kirchenrecht. Grundbegriffe für Studium und Praxis, 2. Aufl. 2013, S. 254 f. – Siehe aus der Reformdiskussion etwa *J. Bernhard,* Les droits fundamentaux dans la perspective de la „Lex fundamentalis" et de la revision du Code de Droit canonique, in: Corecco / Herzog / Scola, Grundrechte (Fn. 1), S. 367 ff.; *H. Schnizer,* Individuelle und gemeinschaftliche Verwirklichung der Grundrechte, ebda., S. 419 (423 ff.).

244   Vgl. oben Fn. 16 sowie zur Reformdebatte *R. Ahlers,* Die rechtliche Stellung der Christgläubigen, in: Listl / Schmitz, Handbuch (Fn. 162), § 17 (S. 220 ff.); *v. Batemberg,* Rechtsstatus (Fn. 242), S. 70 ff. – Siehe ferner *L. Örsy,* The Fundamental Rights of Christians and the Exercise of the „Munus sanctificandi", in: Corecco / Herzog / Scola, Grundrechte (Fn. 1), S. 203 ff. – Einzelstudie von *H. Pree,* Die Meinungsäußerungsfreiheit als Grundrecht des Christen, in: W. Schulz (Hrsg.), Recht als Heilsdienst. Festschrift für Matthäus Kaiser, 1989, S. 42 ff.

245   Art. 1 Abs. 3 GG bindet zwar alle staatliche Gewalt, aber nicht die Kirchen, selbst dann, wenn sie Körperschaften des öffentlichen Rechts i.S.d. Art. 140 GG i.V.m. Art. 137 Abs. 5 WRV sind: BVerfGE 102, 370 (392 f.); *C. Walter,* Religionsverfassungsrecht in vergleichender und internationaler Perspektive, 2006, S. 586 ff.; *Pieroth / Schlink u.a.,* Grundrechte (Fn. 37), Rn. 175, 563; *H. D. Jarass,* in: ders. / Pieroth, Grundgesetz (Fn. 39), Art. 1 Rn. 37, Art. 140/137 WRV Rn. 16; *Stern,* Staatsrecht III/1 (Fn. 40), S. 1152 f.; *ders.,* Das Staatsrecht der Bundesrepublik Deutschland, Bd. IV/2, 2011, S. 976. – Eine Ausnahme ist lediglich für die Fälle anerkannt, in denen Kirchen eine öffentliche Aufgabe in eigener Verantwortung, d.h. als sog. Beliehene wahrnehmen. So ist z.B.

ein christlicher Friedhofsträger an die Grundrechte gebunden, insbesondere den Gleichheitssatz des Art. 3 GG, wenn in der Gemeinde kein öffentlicher Friedhof vorhanden ist und der christlichen Begräbnisstätte mithin eine Monopolstellung zukommt: OVG Lüneburg NVwZ-RR 1994, 49 (50); OVG Bremen NVwZ 1995, 804 (805); ebenso *A. v. Campenhausen/H. de Wall*, Staatskirchenrecht, 4. Aufl. 2006, S. 188 f.; *B. Jeand'Heur/S. Korioth*, Grundzüge des Staatskirchenrechts, 2009, § 17 Rn. 341.

246 In diesem Sinne etwa *Greinacher*, Christenrechte (Fn. 241), S. 199; *Curran*, Freedom (Fn. 23), S. 164; *Stolz*, Menschenrechte (Fn. 86), S. 120; *A. van der Helm*, Survey on Human Rights in the Church, in: Vander Stichele u.a., Disciples (Fn. 1), S. 11 (14 ff.); *K. Hilpert*, Art. Menschenrechte, in: A. v. Campenhausen/I. Riedel-Spangenberger/R. Sebott (Hrsg.), Lexikon für Kirchen- und Staatskirchenrecht, Bd. 2, 2002, S. 778 ff.; *Demel*, Handbuch (Fn. 243), S. 285, 359, 408 ff. sowie 459; kritischer: *Aymans*, Kanonisches Recht II (Fn. 243), § 53, S. 70 (75); *H. de Wall/S. Muckel*, Kirchenrecht, 3. Aufl. 2012, § 25 Rn. 6.

247 Vgl. nur das „Pastorale Schreiben an die aus der Kirche ausgetretene Person unmittelbar nach Kenntnisnahme des Kirchenaustritts" (Allgemeines Dekret der Deutschen Bischofskonferenz zum Kirchenaustritt Nr. 302 v. 20.9.2012, in: Amtsblatt der Erzdiözese Freiburg Nr. 24 v. 20.9.2012, S. 343). – In der Beobachtung bzw. Diagnose wie hier *Rivers*, Church (Fn. 78), S. 10 sowie *Marauhn*, Grundrechte (Fn. 1), S. 219 ff.; zum „Machtzuwachs religiöser Vergemeinschaftung" plastisch noch *H. G. Kippenberg*, Gewalt als Gottesdienst. Religionskriege im Zeitalter der Globalisierung, 2008, S. 28.

248 Mögliche Verletzungsszenarien schildert *M. E. Marty*, Religious Dimensions of Human Rights, in: Witte/van der Vyver, Religious Perspectives (Fn. 1), S. 1 (4 ff.); vgl. noch die Dokumentation verschiedener Einzelfälle in: N. Greinacher/I. Jens (Hrsg.), Freiheitsrechte für Christen? Warum die Kirche ein Grundgesetz braucht, 1980, S. 80 ff.

249 Zu diesem Korrespondenzverhältnis *J. Habermas*, Über den internen Zusammenhang von Rechtsstaat und Demokratie, in: U. K. Preuß (Hrsg.), Zum Begriff der Verfassung. Die Ordnung des Politischen, 1994, S. 83 (89) sowie *H. Dreier*, Gilt das Grund-

gesetz ewig? Fünf Kapitel zum modernen Verfassungsstaat, 2009,
S. 62; kritischer *E.-W. Böckenförde*, Ist Demokratie eine notwendige
Forderung der Menschenrechte? (1998), in: ders., Staat, Nation,
Europa. Studien zur Staatslehre, Verfassungstheorie und Rechts-
philosophie, 1999, S. 246 (249 ff.).

250   Hier zitiert nach: Kirche 2011: Ein notwendiger Aufbruch.
Memorandum von Theologieprofessorinnen und -professoren zur
Krise der katholischen Kirche, 4. Februar 2011, in: M. Heimbach-
Steins / G. Kruip / S. Wendel (Hrsg.), Kirche 2011: Ein notwendiger
Aufbruch, Argumente zum Memorandum, 2011, S. 33 ff.

251   So früh *Aymanns,* Munus (Fn. 22), S. 191; eingehend (im
Einzelfall freilich überspitzt) gegen eine „unkritische" Analogie-
bildung kirchlicher Grundrechte zu den Menschenrechten *ders.,*
Kirchliche Grundrechte und Menschenrechte, in: Archiv für Katholisches Kirchenrecht 149 (1980), S. 389 (390 ff.).

252   Einige Beiträge zur Debatte: *R. Baccari,* La partecipazione
del popolo di Dio ai „munera ecclesiae", in: Corecco / Herzog /
Scola, Grundrechte (Fn. 1), S. 251 ff.; *P. E. Sigmund,* Catholicism
and liberal democracy, in: Douglass / Hollenbach, Catholicism
(Fn. 1), S. 217 ff.; Oberndörfer / Schmitt, Kirche (Fn. 85); *M. Hät-
tich,* Art. Demokratie. I. Begriff, Formen, Probleme, in: Görres-
Gesellschaft (Hrsg.), Staatslexikon, Bd. 1, 7. Aufl. 1985, Sp. 1182
(1190 ff.); *M. Zimmermann,* Democracy in the Church, in: Vander
Stichele u.a., Disciples (Fn. 1), S. 197 ff.; *E.-W. Böckenförde,* Art.
Demokratie, in: Kasper u.a., LThK III (Fn. 135), Sp. 83 (86 ff.);
J. Rowan, Überlegungen zum Thema „Kirche und Demokratie", in:
T. Stammen / H. Oberreuter / P. Mikat (Hrsg.), Politik – Bildung –
Religion. Festschrift für Hans Maier, 1996, S. 581 ff.; *V. Zsifkovits,* Die
Kirche, eine Demokratie eigener Art?, 1997; M. Liebmann (Hrsg.),
Kirche in der Demokratie. Demokratie in der Kirche, 1997; *H. Pree,*
Demokratie in der Kirche – Methodische Überlegungen, in: R. Ah-
lers / B. Laukemper-Isermann / R. Oehmen-Vieregge (Hrsg.), Die
Kirche von morgen. Kirchlicher Strukturwandel aus kanonisti-
scher Perspektive, Festschrift für Klaus Lüdicke, 2003, S. 5 ff.;
J. Ratzinger / H. Maier, Demokratie in der Kirche. Möglichkeiten
und Grenzen, 2. Aufl. 2005; *Demel,* Handbuch (Fn. 243), S. 294 ff.;
U. Altermatt, Katholizismus und Demokratie im 20. Jahrhundert,
in: Jahres- und Tagungsbericht der Görres-Gesellschaft 2009,

S. 83 ff.; zuletzt *W. Loth*, Der Katholizismus und die Durchsetzung der modernen Demokratie, in: M. Raasch / T. Hirschmüller (Hrsg.), Von Freiheit, Solidarität und Subsidiarität – Staat und Gesellschaft der Moderne in Theorie und Praxis. Festschrift für Karsten Ruppert zum 65. Geburtstag, 2013, S. 737 ff.

253 Zum gegenwärtigen Verständnis dieser Normierung des Prinzips der Volkssouveränität nur *K. Stern*, Das Staatsrecht der Bundesrepublik Deutschland, Bd. I, 2. Aufl. 1984, S. 593; *E.-W. Böckenförde*, Demokratie als Verfassungsprinzip, in: J. Isensee / P. Kirchhof (Hrsg.), Handbuch des Staatsrechts der Bundesrepublik Deutschland, 3. Aufl., Bd. II, 2004, § 24 Rn. 2 ff.; *M. Morlok*, Demokratie und Wahlen, in: P. Badura / H. Dreier (Hrsg.), Festschrift 50 Jahre Bundesverfassungsgericht, 2001, Bd. 2, S. 559 (562 ff.); zur Geschichte eingehend *P. Graf Kielmansegg*, Volkssouveränität, 1977, S. 230 ff.

254 Pointiert *H. Dreier*, in: ders. (Hrsg.), Grundgesetz-Kommentar, Bd. II, 2. Aufl. 2006, Art. 20 (Demokratie), Rn. 87; vgl. zur Genese des Souveränitätsbegriffs und seiner Loslösung von Gott *D. Grimm*, Souveränität. Herkunft und Zukunft eines Schlüsselbegriffs, 2009, S. 20 ff. sowie *J. Bethge Elshtain*, Sovereignty. God, State, and Self, New York 2008, S. 29 ff. u. passim. – Vgl. dazu die instruktive Debatte um das Zögern der CDU, den späteren Art. 20 Abs. 2 S. 1 GG in der später Gesetz gewordenen Fassung zu akzeptieren, da der religiöse Teil der Bevölkerung „Anstoß" daran nehmen könne; hier wendet sich *Carlo Schmid* explizit dagegen, daß die gewählte Formulierung eine Stoßrichtung gegen die Herleitung der Staatsgewalt von Gott habe: Deutscher Bundestag / Bundesarchiv (Hrsg.), Der Parlamentarische Rat 1948–1949, Akten und Protokolle, Bd. 5/II, 1993, S. 524 (dazu nochmals *Dreier*, ebda., Rn. 20).

255 In der Tat sind sich *Hans Maier* und *Joseph Ratzinger* in diesem Punkt einig: *J. Ratzinger*, Demokratisierung der Kirche?, S. 7 (38) und *H. Maier*, Vom Ghetto der Emanzipation. Kritik der „demokratisierten" Kirche, S. 47 (72 f.), beide in: *dies.*, Demokratie (Fn. 252). Ebenso argumentiert *Böckenförde*, Demokratie (Fn. 252), Sp. 86.

256 Wie hier namentlich *Aymanns*, Munus (Fn. 22), S. 191. – In die gleiche Richtung gehen die Forderungen nach Umsetzung

eines innerkirchlichen Verwaltungsrechtsweges, die bei der Codex-Reform erwogen wurden und z.B. noch in cann. 149 und 1400 CIC/1983 Erwähnung finden; vgl. dazu auch Can. 22 § 1 der Textfassung der letzlich nicht verabschiedeten Lex Ecclesiae fundamentalis (vgl. Fn. 243) von 1980 in: Communicationes 12 (1980), S. 25 (42), der den Rechtsschutz der Gläubigen sowohl über den Gerichtsweg als auch den Verwaltungsweg eröffnet. Dazu pointiert *Coriden,* Menschenrechte (Fn. 1), S. 238; *K. Lüdicke,* Rechtsschutz in der Kirche – notwendige Schritte, in: Heimbach-Steins / Kruip / Wendel, Kirche 2011 (Fn. 250), S. 230 ff. und zuvor *Demel,* Handbuch (Fn. 242), S. 359. Siehe auch aus „weltlicher" Sicht *Klein,* Bedeutung (Fn. 2), S. 425; zurückhaltend hingegen *Hinder,* Grundrechte (Fn. 1), S. 264 f., der vor „Prozesslust" warnt (ebda., S. 265). – Vgl. zum Problem noch die Beiträge in: Müller, Rechtsschutz (Fn. 1); die Reformdebatte vor Erlaß des CIC schildern näher *H. Schmitz,* Der Codex Iuris Canonici von 1983, in: Listl / Schmitz, Handbuch (Fn. 163), § 5 (S. 49 ff.) sowie *C. Link,* Kirchliche Rechtsgeschichte, 2. Aufl. 2010, § 32 Rn. 8 ff.

257   Zum Problem klassisch *R. Smend,* Glaubensfreiheit als innerkirchliches Grundrecht, in: Zeitschrift für evangelisches Kirchenrecht 3 (1953/1954), S. 113 ff.; vgl. ferner *Aymanns, Munus* (Fn. 22), S. 192 ff.; *ders.,* Grundrechte (Fn. 251), S. 397 ff.; *D. E. Arzt,* The Treatment of Religious Dissidents Under Classic and Contemporary Islamic Law, in: Witte / van der Vyver, Religious Perspectives (Fn. 1), S. 387 (400 ff.); *M. J. Broyde,* Forming Religious Communities and Respecting Dissenter's Rights: A Jewish Tradition for a Modern Society, ebda., S. 203 (205 ff.); *J. D. van der Vyver,* The Right to Self-Determination of Religious Communities, in: Witte / Green, Religion (Fn. 2), S. 236 (239 ff.); zuletzt instruktiv *C. McCrudden,* Religion, Human Rights, Equality and the Public Sphere, in: Ecclesiastical Law Journal 13 (2011), S. 26 (26 ff.).

258   Siehe *P. Unruh,* Religionsverfassungsrecht, 2. Aufl. 2012, § 4 Rn. 90; *J. P. Schaefer,* Die religiöse Neutralität des Staates im öffentlichen Raum – dargestellt am Beispiel des Gebetsraums im Schulgebäude, in: Verwaltungsarchiv 103 (2012), S. 136 (146 ff.) sowie zuletzt *M. Morlok,* in: Dreier, GGK I (Fn. 2), Art. 4 Rn. 48, 161 ff.

259   Wie hier im Ergebnis *Aymanns,* Munus (Fn. 22), S. 202; *K. Hesse,* Grundrechtsbindung der Kirchen?, in: H. Schneider /

V. Götz (Hrsg.), Im Dienst an Recht und Staat, Festschrift für Werner Weber, 1974, S. 447 (462); *R. Sebott*, Art. Religionsfreiheit. II. Katholisch, in: v. Campenhausen / Riedel-Spangenberger / ders., Lexikon (Fn. 245), Bd. 3, 2004, S. 408 (410); *S. Mückl*, Die Gewissens-, Glaubens- und Religionsfreiheit als zentrales Menschenrecht, in: Rauscher, Handbuch (Fn. 11), S. 77 (87 ff.) sowie *de Wall / Muckel*, Kirchenrecht (Fn. 246), § 25 Rn. 6. Vgl. dazu auch die Einschränkung in der Konzilserklärung über die Religionsfreiheit „Dignitatis humanae" vom 7. Dezember 1965: „an der einmal erkannten Wahrheit jedoch muß man mit personaler Zustimmung festhalten", zitiert nach: Rahner / Vorgrimler, Konzilskompendium 2008 (Fn. 194), S. 664, die ihren Niederschlag wiederum in can. 748 § 1 CIC/1983 gefunden hat.

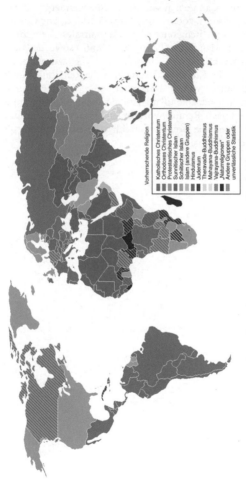

Verteilung der Religionen weltweit (Quelle: Medienwerkstatt.online)

Freie und unfreie Staaten weltweit (Quelle: Freedom House)